EAT THEIR LUNCH

Winning
Customers
Away
from Your
Competition

成交

如何高效转化潜在客户

[美] 安东尼·伊安纳里诺 著
林若轩 译

本书献给那些为了帮助客户获得更大利益而努力的女性和男性。他们想尽办法从竞争对手那里争得新的业务，同时也竭尽全力化解竞争对手的威胁，留住现有的客户。

本书也要献给那些拒绝卑劣竞争手段，秉持诚实、公正价值观的销售人员；那些不会为了胜利不择手段，不会为了五斗米折腰的销售人员；还有那些勇于直面失败，然后继续努力的销售人员。

本书还要献给那些拼搏在竞争性行业的销售人员。在这些行业，产品同质化严重，坐等订单上门简直是天方夜谭，是他们创造的附加价值让产品脱颖而出。

序

我所处的行业是一个疯狂竞争的行业。我卖的服务很赚钱,但并不那么有趣,大多数买家将它视为商品。而且由于几乎所有买家都已经在使用这项服务,所以获得客户的唯一途径就是从实力强大的对手那里挖客户。

"你们都差不多",是买家经常说的话,他们认为在同一市场生态位的不同卖家没有什么区别,很多买家甚至连见个面的机会都不给。他们会说:"给我你能出的最低价格,否则免谈。"

在这个竞争激烈的环境中,纯粹的价格竞赛往往很快就结束了,现任供应商一般不会因为价格失去客户。

将其称之为"折磨",过于轻描淡写。每一次拉拢客户都像在下一场国际象棋比赛,没有捷径,每一笔生意都是来之不易的。在当今世界,只会打价格战却没有其他优势的销售人员很快就会被淘汰出局。

正是在这个大棋盘上,我学会了如何掌控局面,赢得对手的客户。如果你的产品卓尔不群,如果你能巧妙地揭露竞争对手的弱点,如果你能与买家建立情感上的联系,如果你善于取代竞争对手,那你就可以赚很多钱。

我热爱这个世界,并在其中茁壮成长,取代竞争对手是我的乐趣。从被视为商品到成为能提供差异化增值服务的人,这样的转变就像一门艺术。

和其他许多在类似竞争环境下工作的专业人士一样,使我成功的不是手段、伎俩或技术,这些都不是压倒性的竞争优势,当然也不是营销、品牌或广告。

相反,我的成功秘诀是让购买过程变得个性化,还包括专业性、正直和对人际关系的强烈关注。当我掌握了人的影响力框架、交易策略以及自己的情绪时,我就超越了圈内的其他销售者。当我成为一个能够圆满完成任务的专业问题解决者后,我一次又一次地赢得了胜利。

在本书中,作者将教你取代竞争对手的艺术和科学,这是史上第一次。他一步一步地告诉你世界上最好的销售人员是如何取代他们的竞争对手的。

安东尼和我就像亲兄弟一样，他是我的挚友之一。我们经常谈论销售这个话题，有时能一天谈论很多次。我们也会在一个方法或想法上辩论、争论，但我们都致力于将销售作为一门学问来推进。

我们也强烈同意销售行业已经变得软弱，销售人员失去了竞争力。正如安东尼所说，我们已经从"造雨者"的时代迈入"雨桶"的时代——雨桶只能盯着天空，希望有雨掉进来。

我要你明白，守株待兔不是策略，是时候从这种悲惨困境中清醒过来了。这本书就是起点。

为什么要关注安东尼？因为他一直在销售大战的战壕里。而这条战壕是他与他的销售团队一起努力挖出来的。像许多伟大的久经沙场的销售专业人士一样，他言简意赅，直接向你道出真相。

在这本书中，安东尼毫无保留。你会明白为什么自己会失败，为什么没能达到收入目标，为什么你的竞争对手总是把你踩在脚下。

不过，每翻一页，你就会在竞争环境中获得更多的信心。你可以用新的策略创造决定性的优势，你将学习如何与买家互动，并左右他们的想法。当你把安东尼的技术运用到你的销售里时，你会有光明的前景，会取代竞争对手与他们的客户共进午餐。

所以现在你要做一个决定。你可以把这本书放回去，把头仰向天空，张开嘴，等着雨降下来。或者，你可以采取行动，向销售行业的大师学习，成为造雨者。

杰布·布朗特，《绝对成交：高效客户开发内训手册》作者

前言

这是我的第三本书。就像 *The Only Sales Guide You'll Ever Need* 和 *The Lost Art of Closing: Winning the 10 Commitments That Drive Sales* 一样，这本也不是那种只提供一个概念框架的教科书，而是一本实操手册。它的目的是让你可以即学即用，从你的理想客户心中把你的对手挤掉。

这本书所包含的大部分内容都很容易理解，却不容易操作，因为只有江湖骗子才会向你兜售那种不需要付出真正努力就能达到目的的伎俩。而本书要告诉你的是，如果你想从你的对手那里挖走客户，就必须实实在在地做一些事，创造机会并把握机会。我没办法给你指一条捷径，也没有诀窍可以提供，更没有简单的答案。但是，我为你提供了提高工作效率的策略，前提是你要付出心血和汗水。

书中涉及了一些艰涩的概念，我已经尽力把它们变得简单易懂，让你可以运用它们来获得更多选择——好的销售术就是由一系列好的选择组成的。读这本书的时候，请结合你自己的经历。同时，这本书将为你提供一组新的视角，让你可以看到取代竞争对手所涉及的问题。

这本书也会给你留下一些问题，比如："与客户谈论什么才能获得他的注意力？""我如何在与客户的关系中创造更多价值？""如何扭转目标客户由于过往经历而对我们公司产生的坏印象？"这些是你需要回答的基于特定情境的问题，答案因人而异，也因公司而异，但回答这些问题会给你带来意想不到的好处。

最后，我想简要地谈谈我写的三本书的逻辑关系。第一本书为销售人员提供了一个胜任特征模型、一套思维模式和相关技能，这些都是成功销售所必需的，它教你如何让客户乐于从你这里购买产品。第二本书是关于如何帮助客户做出承诺，从而与你共同产生更好的结果。第三本书则是教你通过取代你的竞争对手来创造和赢得新业务的方法。对于我们销售人员来说，从竞争对手那里赢走客户是必要的，但鲜少有人谈及。这本书是"三部曲"的最终篇，它以前两本为基础，提供了一个在竞争性市场中赢得新业务的框架。

目录

引言　// 001

第①部分　发展关系，获取机会

第一章　为客户创造四重价值　// 017

第二章　捕获目标客户的注意力　// 037

第三章　培养与目标客户的关系　// 057

第四章　开始从客户心中挤走你的对手　// 076

第②部分　建立共识

第五章　帮助你的目标客户认识自己　// 093

第六章　创造机会　// 115

第七章　与目标客户全方位建立共识　// 127

第八章　向签约挺进　// 145

I

成交：如何高效转化潜在客户

用无形的武器赢得销售大战

第九章　让用户对你产生偏好　// 165

第十章　成为客户的良师益友　// 182

第十一章　培养领导者风度　// 196

第十二章　在客户周围建起"防火墙"　// 206

总结　// 217

致谢　// 222

引言

　　作为一名销售人员,你是否曾有过这样的体验:你在销售一种全新的、具有开创性的产品,一大批目标客户急切地想购入你的产品,因为你的产品是独一无二的。因此,你不费吹灰之力就迅速签下了一大批利润丰厚的大订单。我可从来没有遇到过这样的好事。

　　我们中的大多数人都在拥挤不堪的成熟行业工作。身处其中,我们本身就被看成商品(其实我们不是),竞争异常激烈。在这些行业中,要实现增长,我们必须从竞争对手那里夺取市场份额。并且,当我们从他们手中夺走客户的同时,他们也在试图从我们手中夺走客户。在一个年增长率仅为2.7%的行业里，你如何达成12%的年增长率？

蓝海战略①是开拓无人竞争新市场的战略框架。它使公司从与强大对手的竞争中走出来，还提高了公司的增长机会和盈利能力。网飞（Netflix）、优步（Uber）和爱彼迎（Airbnb）等公司都创造了蓝海，它们在所处行业中掀起了巨浪，因为它们提供的产品是独一无二的，这就避免了与其他公司竞争及被商品化的双重挑战。当然，每个人都想在蓝海工作，创造没有竞争的新市场，享受高额利润，轻松实现增长。然而，现实往往是相反的。如果你在书店拿起了这本书，就说明你正在水深火热的红海中做着销售工作。不过恭喜你，这是一本关于如何在红海中生存和壮大的书。这本书提供了一个与强大对手竞争的战略框架，也会告诉你如何通过创造更大的价值来争夺客户。我想你一定不希望在销售大战中败下阵来，用自己的"血"把红海染得更红吧？

在过去的10年里，关于销售是什么以及应该如何做的观念已经随着技术的进步而发生了变化。集客营销②的兴起，用温情的内容诱导人们立刻购买的策略，使得销售人员认为他们不需要负责寻找和

---

① 蓝海战略：W. 钱·金和勒妮·莫博涅的畅销书《蓝海战略》中提到的概念。
② 集客营销是让顾客自己找上门的营销策略，是一种"关系营销"或是"许可营销"，营销者以自己的力量赢得顾客的青睐，而非以传统广告方式去拉顾客。

创造新的机会了，他们只需要通过社交平台，在客户毫无察觉的情况下把产品卖出去就行了，这意味着许多销售人员也放弃了成为客户信任的顾问的角色。许多销售领导认为通过发送电子邮件就能创造机会，结果电子邮件这条渠道被毁了，销售人员无法通过邮件真正地沟通和发展关系。

遵循这一策略的销售团队无一例外陷入了窘境。他们感到困惑、沮丧，找不到新的机遇，也没有成长。此外，我注意到，采用这种方式的销售人员失去了动力，在理应努力创造机会、赢得机会、帮助客户收获更大利益的时候，他们只是走走过场，敷衍了事。

现在你需要的是一本能教你取代竞争对手，在红海中不断增加市场份额的战术手册。为了创造和赢得新的机会，你必须能够在拥挤的同质化市场中展现你的不同。这种不同应该是你可以为客户创造更大的价值，这种价值应该更坚实、更有说服力、更具战略性的。

这本书号召销售人员将注意力放到销售的基本要素上。这些基本要素包括创造价值、捕捉注意力、积极主动地探索以及努力挖走竞争对手的客户。我也要提醒你，销售是竞争游戏，而你是其中的玩家。这个游戏通常是一个零和游戏，你的胜利就是别人的损失。你必须全身心地投入游戏中，以最好的自己去赢得新的业务。这本书会推动你赶快行动。一位本书的读者曾说："我要确保我所在城市的书架上没有这本书，我可不想让我的竞争对手读到它。"因此，本书也将教你如何寻求和保持竞争优势。

有关竞争

在我们谈论取代你的竞争对手，和他们的客户共进午餐之前，我们必须讨论一下你应该如何看待你的竞争对手，免得你认为有效的手段就是"不惜一切代价"的销售方式。请你一定要丢掉这种观念。

你的公司进入市场想要获得新客户，你要相信你卖的东西以及你卖的方式比你的竞争对手高明，你的目的是更好地服务那些需求没有被满足的客户。如果你能做到这些，那你无疑将从你的对手那里夺走客户和市场份额。但与此同时，你的竞争对手并不会被动地坐在那里挨打。相反，他们会关注你的一举一动，然后想办法创造比你更大的价值。之后，他们会把新产品推向市场，向你的客户推销更有价值、更具竞争力的产品，最后取代你的位置（至少试图取代你的位置）。

消费者将是这种竞争的受益者。为了在竞争中胜出，我们必须创造更大的价值，生产更好的产品，因此我们的客户也将获得更大的利益。这就是商业进化的过程，也是产品不断迭代优化的过程。这也就是为什么当你读本书的时候，你手边摆着的已经不是诺基亚或黑莓手机了。

| 引言 |

长期以来，诚信是在竞争中获胜的关键因素之一，本书坚决反对为了赢而不择手段。你不应该做任何违法或不道德的事，你也不应该让你的名字和人格染上尘埃。在本书中，你不会找到诸如"粉碎竞争对手"或把对手看作"敌人"这样的言论。你不是黑手党，也不是军阀头子。摧毁对手的行为最终会让你成为一个难以被信任的人，也不可能成为别人的长期合作伙伴。让你成功地挖走对手客户的因素与你的对手本身无关，相反，你将通过创造比对手更大的价值来赢得这些客户，这是赢得客户唯一的、可持续的发展战略。

应对肮脏的把戏

即使在今天，许多销售人员还是依靠老派的战术手段和高压策略来赢得销售大战。一些人仍然被教导说，要想成功，就要采取"不惜一切代价"的态度，在销售中也是一样。这种方法和策略已经过时了，而且毫无效果。

一心关注输赢往往让你无法如愿以偿，重要的是你怎么玩这个游戏才能让你成为一个危险的竞争者。我们的对手为了抢走我们的业务，惯用的伎俩就是给我们制造麻烦（其实这正表明他们不是什么厉害角色），你得让他们停下来。

可能你的一些竞争对手只知道压低价格，而低价就意味着糟糕的服务，但他们一定会违心地告诉客户他们的服务质量与你相当。

他们会因此赢得市场上对价格最敏感的那些客户,其中许多人对他们缺陷的忍耐度会超出你的想象。虽然这些竞争者赢得的客户通常只看重低价格,但他们偶尔也会赢得几个优质客户,此类客户会一直与他们合作,直到你找到替代他们的方法。要知道,面对一个非理性定价的竞争对手,你无能为力。不要因为竞争对手而改变你的定价模式或策略,你要做的应该是以比他高的价格赢得竞争,这意味着你需要创造更大的价值(这一点你将在下面章节中有所学习)。

我曾经遇到过一个手段极端粗暴的竞争者,他直接向我的客户发送报价单,根据对我公司价格的猜测向客户提供了一份"省钱方案"。他给客户公司所有高管都发了信,其中提出的节省方案非常有诱惑力。我无法阻止他发送报价单,但幸运的是,我们创造的价值比这个竞争对手能节省下来的钱要多得多,因此客户并未改投他的怀抱。

你的竞争对手可能会为了生意对你和你的公司做出不实的负面评价,这在我身上就发生过很多次。有一回,一个竞争对手打电话给我一位合作了20年的客户,暗示我们公司要破产了,而实际上我们公司该年在营收和利润方面都创了新高。由于我们与这个客户的关系一直诚实而透明,因此他根本没有相信竞争对手的话,而是立刻打电话把这件事告诉了我们,要我们提高警惕。

对于那些会说你坏话的竞争对手,你唯一能做的就是确保他们诋毁你的话都是假的，这样他们就会信用破产。如果你的目标客户向你求证这些话的真假，你要堂堂正正地说："我不知道他们为什么会这么说，我敢肯定他们弄错了。如果您有任何疑虑，我会为您消除。"

也有竞争对手为了打败我们，给客户公司的内部人员回扣。他们为了获胜不惜任何代价，甚至可以违反道德准则。就有那么一回，一家客户公司的代表在谈判桌上表示，我们的竞争对手给他提供了回扣，问我们能给他个人什么好处，我们当即选择了离开。

当你面对两个选择，一是做非法或不道德的事情来赢得生意，二是退出游戏，那我建议你选择后者。没有任何交易值得你用人格来交换。那些为了生意而做违法或不道德事情的人不是在竞争，而是在逃避竞争。他们可能会有一些短期的胜利，但从长远来看，他们的失败是必然的。

另外，你还可能遇上一些耍小伎俩的对手。比如我曾经有一个竞争对手每星期五早上都会给我的客户送咖啡和甜甜圈。万幸的是，甜甜圈的魔力还不足以让我的客户动心。

你如何谈论你的竞争对手

当你的竞争对手挖空心思说你坏话的时候，你该如何谈论他们呢？不管竞争对手是谁、有多坏，不管他们做过多少违法或不道德的事情，也不管他们的业务模式有多不合理，你都不要直接否定他们。事实上，你应该反其道而行。

销售人员对过低出价的竞争对手，经常这样评价："他们的定价是不合理的。他们怎么可能有钱赚，他们的经营模式有问题。"这里有很多可探讨之处。首先，销售人员的评估可能是正确的。低价会导致无法给客户带来期望的结果，或者不可能带来盈利的可持续发展。然而，这只是可能。其次，作为外部观察者，你很难对竞争对手的盈利能力做出准确的评价，尤其是当他们在这个行业里摸爬滚打多年，经验远超你时。如果没有明显的证据显示你的竞争对手马上就要玩儿完，你是很难让客户相信他们是不可靠的。

最后一点，或许也是最重要的一点，试图让客户对你的竞争对手产生疑问并不会给你带来多大好处。事实上，如果你唯一能做的只是怒不可遏，那意味着你在差异化或者创造更大价值方面没有任何优势。

在销售过程中尽量不要提及你的竞争对手。即便你的交谈对象是你对手的客户，而你们探讨的正是客户堪忧的现状及憧憬的未来，你也没必要揭对手的短处。你需要了然于心的是，你的对手没有给客户带来理想的结果，或者客户根本不知道其实他们可以更好。你不需要通过说对手的坏话才能让客户产生改变的意愿。你应该让客户知道的是，你能比你的竞争对手创造更大的价值，以及你的价值主张能够解决哪些挑战。你也可以向客户预测他们未来将面临的挑战，这一点我们将在第二章中详细介绍。

如果你必须谈论你的竞争对手，那么你需要采取更好的策略——把自己定位为一个专业人士、一个值得信赖的顾问以及一个提供优质服务的人。不要试图诋毁你的竞争对手，如果被问到有关他们的问题，你应该给予一些积极、正面的评价。你可以说："我在那家公司有几个朋友。他们为人不错，在某些方面工作能力很强。但是我们对于如何为客户服务以及要产生什么样的结果有不同的想法。我能跟您说说我们的不同之处吗？"由于你不断地与目标客户接触，同时也在为现有客户提供服务，你对自己的独特之处应该积累了很多认识。只谈自己的特点，不谈对手的缺点，这才是专业的表现。了解行业内的其他竞争者，而不只是把他们看作死敌，适度地表扬你的竞争对手，这可以为你确立专业人士的形象。当你用"我们理念不同"开篇时，你就可以告诉目标客户什么使你与众不同、为什么你做那些与竞争对手不同的事情以及你是如何通过做这些事产生更好结果的。简言之，你要让客户相信，你能创造更大的价值，让他们产生与你共事的期望。你可以说，"这个行业有一些既定的办事方法，但我们不想墨守成规"。你看，你甚至不必提及竞争对手的名字。

可能你面对的客户会因为不满现状而批评你的竞争对手，也就是他现在的合作伙伴。他的抱怨听上去十分悦耳，因为你知道客户越不开心就越急于改变。但我想提醒你，当你的目标客户抱怨你的竞争对手并要你附和的时候，千万不要顺水推舟。客户向你列出的你的对手的种种"劣迹"，可能并不是造成他现在一大堆不满的原因。事实上，他的抱怨可能掩盖了这样一个事实——他自己很固执，他拒绝做出必要的改变。问问你自己吧，你也有这样的客户。

最后，如果你想要提高销售效率，你需要清除对竞争对手的一些错误执念，比如认为你的对手常常撒谎，或是他的销售方法或定价模式造成了你的损失，等等。总是抓着这样的想法不放会让你感到无能为力。你会因此觉得没有必要为自己和公司定位了，也没有必要设计差异化方案了，那么你怎么可能创造出比对手更大的价值呢？你的工作就是让客户了解你创造的价值，只有这样你才能赢。如果你需要对自己的得失负责，就要不断改变并精进自己。如果你总是把责任推到对手身上，那你只会一直吃苦头。

你无法改变你的竞争对手。无论你说什么或做什么，他们都不会改变他们的行为、方法或者定价。即使你已经通过创造更大的价值赢得客户的青睐，他们会做的也只是花加倍的力气来回应你的挑战，所以你的注意力应该转到改善你的销售方法上。你的目标应该是比昨天的自己更好，而且要比今天的竞争对手更强！

在这本书中，我将向你展示的是如何公平竞争，同时又让你的竞争对手觉得你有不公平的优势。你会让客户对你的方案产生如此强烈的偏好，以至于你的对手会觉得这是一场不公平的竞争。

如何拥有"不公平"的优势

当观看体育赛事或其他竞赛活动时，我们总是希望双方公平竞争。然而，当你在销售中与人竞争时，你却希望天平向你倾斜。你的人品是你的竞争优势中不可或缺的组成部分，所以不能为了寻求其他优势而牺牲它们。正如你将在本书中发现的，当涉及长期销售时，"你是谁"比"销售什么"更重要。通过打造让客户心动的改善方案，通过实现比竞争对手更高的销售业绩，你就能创造出"不公平"的优势。

在这本书的第一部分《发展关系，获取机会》中，你将学到如何发展新的关系，创造机会，取代你的竞争对手，和对手的客户共进午餐。

在第一章《为客户创造四重价值》中，你将了解到，产品、服务和解决方案可能不足以让目标客户改投你的怀抱。但如果你能成为目标客户值得信赖的顾问，你就有可能去创造有吸引力的、差异化的价值，从而开始取代竞争对手。要做到这一点，需要从最高层次的价值入手。不要从底层价值开始改变，因为在那里，你不是一个人，只是一件商品。

在第二章《捕获目标客户的注意力》中，你将通过发展你的商业智慧和情景知识来创造竞争优势，并用其帮助你的梦想客户理解他们必须做出改变的原因，引导他们采取行动。如果你能握住客户检视业务的那枚"放大镜"，你就能创造并抓住机会。

第三章《培养与目标客户的关系》提供了一个蓝图，让你能拿出说服客户改变的充分理由，并让客户知道你有能力创造更好的未来状态。创造机会需要时间，这张蓝图会在这个过程中为你指明方向。

如果你不把这一切付诸实践，所有这些对未来的洞见就都是徒劳的。第四章《开始从客户心中挤走你的对手》将指导你制订一个计划，帮你慢慢打入目标客户的心。

在第二部分《建立共识》中，你将学到创造机会和获得必要支持的新框架。

第五章《帮助你的目标客户认识自己》将为你提供一种全新的思考方式，它能让你明白如何创造真正的价值。你会变得更了解你的客户，也会更了解你自己。

第六章《创造机会》会进一步教你如何创造机会，让客户承诺改变。这一章将提醒你，销售一部分是创造机会，一部分是捕获机会。取代你的竞争对手是从创造机会开始的。

第七章，《与目标客户全方位建立共识》以及第八章《向签约挺进》，旨在帮助你理清目标客户内部利益相关者之间的关系，以找到前进的道路。

然后我们进入第三部分《用无形的武器赢得销售大战》，这部分的四个章节将帮助你把自己塑造成完美的销售人员。

第九章《让用户对你产生偏好》将给你一份策略清单，让胜利的天平在竞争中向你倾斜。如果你打算"抢"生意，就得让目标客户觉得他们的团队需要你，而不是他们现在的合作伙伴——也就是你的竞争对手。

第十章《成为客户的良师益友》为你提供了一份指南，教你如何成为客户信任的顾问。

第十一章的题目是"培养领导者风度"。既然你帮客户设定了价值标准，就该与他们并肩作战。如果你要领导变革，你就得看起来像一个领导者。

第十二章《在客户周围建起'防火墙'》将教你如何阻止这本书中描绘的事情发生在你的身上！这样你就不需要担心本地书店里正在卖的这本书了。

书的最后总结了笔者对销售这个伟大游戏的想法，以及销售对我们这些销售人员来说意味着什么。

第部分

发展关系，获取机会

第一章 为客户创造四重价值

如果你要取代你的竞争对手,你必须让目标客户觉得为你花时间、精力和金钱是值得的。而且,你需要有充分的理由迫使他们改变。

现在,受普遍观念的影响,你可能觉得应该耐心等待一些消极事件以迫使你的潜在客户做出改变。你相信你的竞争对手一定会出现严重失误,给客户造成很大的损失,使得客户开始认真考虑更换合作伙伴。你甚至可能会希望发生一些意外,导致客户拼命从邮件里搜索你的联系方式,或是从堆满名片的抽屉里找出写着你名字的那张。

但等待不是一种策略。等待太被动了,你需要更加主动,才有可能赢得新客户。你应该明白,当你读到这一页的时候,你的一些梦想客户并不满意他们目前的供应商。也许他们不会因此而立刻解雇现在的供应商,但是他们要达到预期目标已经相当吃力了,他们希望能变得更好。让我们来看看为什么现在是你的理想客户做出改变的大好时机。

一些表明"取代"可以发生的迹象

在了解竞争性取代的总体策略之前,我们先研究一下"取代"可能会发生的一些迹象。如果你有过被取代的经历,以下内容可能引起你的不适。

自满

如果要探究被取代的根本原因,那就是自满。你的竞争对手在得到了客户并服务了他们多年后,陷入了常态的泥沼。让你的竞争对手赢得客户的问题在很久以前就解决了,之后的多年,你的竞争对手只是继续执行着同一个解决方案。

随着时间的推移,外部世界一直在变化,客户已经开始经历新的挑战,而现在的合作伙伴并没有新的解决方案。客户面对的竞争越来越激烈,其中一些来自低价的竞争对手。客户面临着系统性挑战，这些挑战一直没有得到解决，以至于他们只能原地踏步，眼睁睁看着手中的项目方案效力越来越低。

当你的竞争对手因为自满而不去创造新价值时，他们就会面临被替代的危险，同样的情况也适用于你和你的客户。

权利意识

当你的竞争对手已经为他们的客户服务多年，甚至几十年，他们就开始相信他们与客户的关系有了一种不可替代的联结，就像结界一样，他们相信长期合作的历史把他们与客户永远捆绑在一起了。这是一种由轻度傲慢导致的自满。

还有一种情况是，你的竞争对手相信他们与客户的合同足以保证在合同到期前不会有什么变数。相信一份合同就能防止失去客户和生意是非常愚蠢的，其实一份合同能提供的保护少得可怜，事实上，原地不动所带来的舒适感以及更换合作伙伴的成本，往往是比合同条款更强的改变障碍，客户的耐心常常在合同还没到期的时候就已经耗尽了。

当你的竞争对手认为自己对客户有某种"权利"时，他的过度自信会给你带来机会。

冷漠及疏于沟通

自满感和权利感也可以表现为冷漠，冷漠的直接后果是与客户缺乏频繁而有意义的沟通。在一家公司工作多年后，你的竞争对手会陷入例行公事所带来的舒适感中，他们的客户不再对他们有新的要求，而他们也不再提出新的想法。当沟通被形式主义支配后，为客户创造价值也就成了空谈。

随着时间的推移，你的竞争对手和客户之间的关系生了锈，变得容易受到内外部的威胁。你的竞争对手的冷漠也促使客户以冷漠回应。就在这个时候，另一个销售员——你，孜孜不倦地恳求面谈，你对生意表现出的浓厚兴趣对客户来说十分有趣。那么，你取代对手之路将由此展开。

厌恶

长期服务一个客户会让一些销售人员心生厌恶之情。你可能没有亲眼看到过这样的事，但这种情况确实存在。客户开始变成讨厌鬼，总是提出各种各样的要求，占用你越来越多的时间。我见过那些声称以客户为中心的公司，除了抱怨客户之外什么也不做。虽然这种怨恨可能只在内部表达，但别以为客户感觉不到你态度的改变。当你的竞争对手不再把客户当"上帝"时，他就为你创造了一个替代他的机会。

新的利益相关者

当一个新利益相关者登场时，事情会变得非常有趣。为什么？因为"新官上任三把火"，新的领导者或经理在开始扮演新角色时想做的第一件事就是改变。他们想树立声望，建立权威，在自己的功绩表上记上一笔。

让新利益相关者树立威望的最简单的方法就是踢掉一个因为签了合同就觉得胜券在握、没有与时俱进、发现业务有风险也没有任何应对措施的供应商。当这样的供应商被换掉的时候，可能会有一些与其关系密切的人感到不安，但很快，这些都被远远抛到脑后了。

我曾经就因为客户公司的新股东不喜欢我们的模式而失去了这个客户，她用市场上价格最低的供应商取代了我们。但结果是质量下降，我们曾成功解决的问题又重新浮出了水面。不到一年，她就走了，我们又回来了。但是，让我们重返公司的不仅仅是糟糕的结果，一个刚走马上任的新利益相关者也在其中扮演了重要角色。

长期未解决的需求和变化

你的梦想客户要求供应商做出改变来满足他们的需求，却被忽视了数月甚至数年之久，这时，他们更换供应商的想法就变得十分强烈了。这里有两个因素在起作用。首先，没有人喜欢被忽视。被忽视的时间越长，他们要求做出一些必要改变的需求就越强烈，他们就越需要一位能够满足这些需求的新合作伙伴。第二，不做改变其实是"不在乎"的代名词。如果你的竞争对手在乎他的客户，他会尝试做一些不同的事情，并思考如何改变以满足客户的需要。

你知道"不满"或"痛苦"是销售中常见的术语，用来表明客户有迫切的改变需求。你可能在课堂里学过，要去找客户"不满"或"痛苦"的点，想出一个解决方案，让客户开心起来。这曾经是取代战略的黄金法则，但在本书出版的时候，情况似乎已有所不同。你想赢得的客户在很多情况下学会了忍耐，选择降低标准，而不是做出改变，因为改变带来的好处非常小。客户可能更希望避免改变的风险，但最终他们只会遭遇更多未知的挑战。

未解决的系统性挑战

以上列出的所有因素都削弱了你的竞争对手对客户的控制，并且增加了你让客户换掉供应商的机会。等等，再看一眼这些因素，你有没有意识到，你也多多少少犯过这些错误。别担心，我们会在第十二章中说说怎么应对这些风险因素。事实是，这些因素中的一大部分并不足以迫使客户变革，这就是为什么当公司应该做出变革的时候会犯拖延症。

本书的前 1/3 是关于稳固和发展关系的。你与客户间的关系需要牢固到能让你吸引住客户的注意力，说服客户相信将会有巨大的转变威胁到他们的业务，如果不加以解决，则最终会对他们造成致命伤害。

上面讨论的因素将启动更换供应商的程序。此时你已经知道客户的需求，并可以对此做出反应。我们在这里采取的方法之一，就是处理被忽视的系统危机。这种方法能让你拿出令人信服的理由，让客户做出积极主动的改变。本书要告诉你的是，别等客户决定要不要改变，而是要迫使他们做出改变。我会通过对比让你看到你想赢得的客户现在的状况以及客户渴望从你身上获得什么。为了达到这个目的，我们首先要审视现在大多数销售组织和销售人员是如何迫使客户改变的。

从右往左：创造四重价值

一名销售人员可以为他的客户创造四个层级的价值。当大多数销售人员在创造低层级价值的时候，你应该去创造更高、更具战略性的价值，这样你才能区别于你的竞争对手，让他的客户发现你、发现新的机会。

一级价值：产品

最低也是最基本的价值是蕴含在产品或服务里的价值。正因为如此，许多销售组织和他们的销售人员总是在说他们的产品或服务，他们会告诉潜在客户产品的特征以及购买以后会得到的好处。而一个比较老练的销售人员则会谈论产品的"优势",让客户了解这个产品的特色。

当然,好的产品很重要,如果是一个伟大的产品,那就更好了。但更重要的是要知道,一个只有普通产品的伟大推销员可以胜过一个虽有优秀产品的差劲推销员。挑战在于,在一个竞争激烈的市场中,有如此多优秀或普通的产品,你的产品可能并没有显著差异或足够的说服力来刺激目标客户换掉他的合作伙伴。这就是为什么你被商品化了。

如果你所做的只是提供一个好产品,你会发现很难从客户身上获得真正的忠诚。反过来说,如果你的竞争对手只创造这一层价值,即他们的产品所包含的价值,那么你就可以与对手的客户谈谈更高层次的价值,取代对手的程序就此启动。如果你还认为你的产品是客户需要的最高价值的话,你就根本不懂顾问式销售(consultative selling)。只关注底层价值,失去客户是必然的结果。

二级价值:服务

当我们为客户提供产品时,我们同时也创造了对服务和支持的需求。有时候,产品没有产生效果;有时候,预期结果难以兑现。我们需要和客户一起努力,才能使产品正常运作,从而产生我们承

四级价值

一级　产品

+ 好产品或好服务

− 同质化
　无法激发客户忠诚度
　商品化

二级　服务

+ 优质的服务
　出色的支持
　好产品或好服务

− 对于 B2B 来说还不够
　不够积极主动

三级　商业结果

+ 解决可见的商业问题
　出色的服务或支持
　好产品或好服务

− 容易因不满而失去

四级　战略伙伴

+ 战略结果
　展望未来
　一体化

− 很难创造
　很难保持

诺的结果。

帮助客户安装、使用产品和排除故障是二级价值。帮助你的客户完全获得你销售的东西的价值，将使你不同于只提供底层价值的供应商。换言之，与你一起工作的体验就是二级价值。与你做生意容易吗？你所做的事情能满足那些经常与你和你的公司进行互动的人的需求吗？你能迅速有效地解决购买和使用你的产品过程中出现的问题吗？

二级价值显然高于一级价值。如果你的竞争对手只创造一级价值，那么你取代他们的机会就出现了。如果他们服务中的缺陷没有被及时、恰当地解决，那么客户对二级价值的需求就无法得到满足，因为处理产品故障的成本非常高。这就是为什么你必须要创造二级价值。

目前我们的操作顺序仍然是"从左往右"：第一层价值在最左端，它的右边是第二层价值。可能这两重价值已足以让你将那些只提供底层价值的竞争者从他们的位置上驱逐出去，但我们还是要学习更高层级的价值。

三级价值：可见的结果

如果你是 B2B 的销售人员，你很可能销售的是第三层价值，也就是你能产生可见商业结果的能力。你卖的不是产品本身，也不是服务和售后支持，你卖的是你的产品和服务提升客户业务的能力。你卖的是结果！

也许你卖的东西可以帮助你的客户产生额外的收入，或者通过降低成本（要搞清楚的是，降低成本与降低价格或减少投入是不一样的）使客户获得更多的利润。你甚至可能需要图表来显示你是如何产生可测量结果的，这是一个比第一、第二层级高很多的价值。通过向客户展示这一层价值，你往往能打败那些无法提供这一层价值的竞争对手，推动客户做出改变的决定。但别忘了，你是做B2B销售的，在这一行业，优秀的销售人员和组织都知道要创造这第三层价值，并且个个都在拼命努力中。

这一级是商品层面的最高价值。也就是说，你有一个电子表格，里面清清楚楚地用数字列出你能创造的价值和客户的投资回报，但

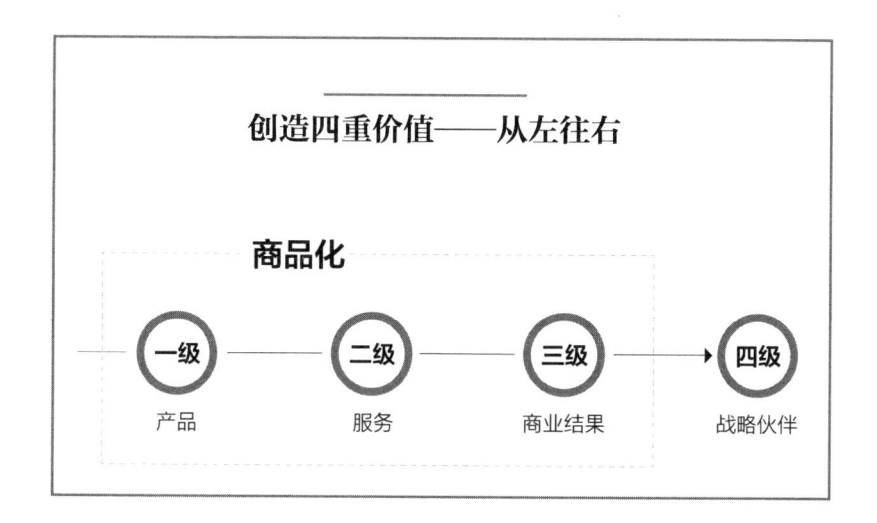

创造四重价值——从左往右

商品化

一级 产品 → 二级 服务 → 三级 商业结果 → 四级 战略伙伴

你的竞争对手也有一个这样的表格。而客户公司的采购部门有他们自己的电子表格，他们会把各个供应商的报价填到里面，谁的价格最低一目了然。

在其他条件都相同的情况下，客户以价格为标准做出决定没什么不对。如果没有更好的方案，他们为什么要改变呢？如果你的产品，你提供的经验、服务和支持，都没有好到让你的目标客户动心，那你就不太可能替代他们现有的供应商。如果每个销售人员都能创造第三层级的价值，那么我们就是在一片红海里沉浮，在为同样的机会而战，也因此都被视为商品。

看起来好像前三个层级的价值创造都无法让你与众不同。很可怕，是吧？无论你的产品多么优秀，它都不可能自己把自己销售出去，除非一大早就有人排队等着买你的产品。不管与你做生意感觉多么舒服，你的服务和支持也不太可能出色到让客户觉得不能不转投你的怀抱。如果几乎每个人都能提供第三层次的价值，那这个价值也就无法成为你的筹码。

这对处于红海中的我们来说意义重大，这意味着只有一个地方可以找到真正的差异、竞争优势和让客户改变的理由。不管你喜不喜欢这个想法，你才是你能提供的价值中最大的一部分。如果你想在红海中活命，就必须要有最大的鳍和最锋利的牙齿——你需要变成大白鲨。

四级价值：战略

你只需要做到两件事就能成为一个值得信赖的顾问：信任和建言。你需要能够给出好的建议，前提是你要有商业头脑和经验。

在价值创造的连续区间上，我们把一级价值放在左端，另一端是四级价值。这就是我们所说的"从右往左"的意思，也就是说我们要从最高的价值入手。

一级价值到三级价值都只是基础项，不是加分项。向客户展示预期的成果虽然很重要，但并不能让他明白他需要做什么来应对一个瞬息万变的未来。客户需要的是一个长期的战略伙伴，这个角色需要一个他们信赖的顾问来担任。这就是第四层级的价值。

四级价值要求你具有让你可以创造战略价值的商业头脑和情景知识。也就是说，你需要理解并且能够解释你的目标客户所经历的

创造四重价值——从右往左

商品化

一级	二级	三级	四级	←
产品	服务	商业结果	战略伙伴	

逆境。你可以向客户解释为什么他们需要改变，并且如何在无路可退之前做出改变。

取代对手需要战略价值 + 人际关系

为了把你的竞争对手从你的理想客户的合作名单中除去，你需要创造具有战略意义的价值。这是一种为客户提供竞争优势的价值，是建立在洞察力和智慧之上的，它需要你有能力把他们的业务导向更美好的未来状态。它还需要你具备另一种能力，那就是在客户公司内部建立起发起变革所必需的人际关系。

为了达到这一目的，我们需要贯彻以下哲学：当竞争双方其他所有因素都相等时，人际关系就是制胜点；而当所有其他因素都不

创造四重价值

战略伙伴 （四级）

+
- 战略结果
- 展望并创造未来
- 一体化
- 解决可见的商业问题
- 出色的服务或支持
- 好产品或好服务

−
- 很难创造
- 很难保持

相等时，人际关系仍然决定着胜负。你通过建立互相信任的人际关系取得优势地位，从而使你的建议能被倾听。接下去我会对此做出详细解释。

如果你提供的产品或服务和竞争对手的一样，那么与客户关系好的那一方就必定胜出。如果你的竞争对手出价更优，但你与客户关系深厚，那你仍然有可能获胜（我们人类不是理性生物，我们会为了让行为合理化而找出一千个理由）。当你销售时，你应该让你的客户产生与你一起工作的偏好，这就要你创造更多的战略成果，建立更深的工作关系。

你可能听别人说过人际关系已经无法促进有效销售了，请无视这种说法。情况恰恰相反，人际关系现在变得比以往更为重要，当然同时对你的要求也提高了，你需要创造更高层级的价值。

在下一章中，我将与你一起思考能建立有价值的关系的一些方法。在这之前，我们还有一些东西需要学习。

叠加多层价值

读完这一章后，你可能觉得有没有好产品并不重要。我希望你不要这样想，你的产品、服务或解决方案非常重要。如果你的产品、服务不好，你又怎么可能成为客户的战略合作伙伴和顾问呢？想象一下，如果你卖的产品非常糟糕，那么无论你的服务多么优质，你的客户都不会久留。我只是说，如果你的整体方案能产生更大的价值，那么你的产品可以不必是同类中最好的那一个，你卓越的服务和支持将会给产品带来很多附加价值。比如我常去的那家星巴克，店员记得我的名字，还记得我常点的咖啡。这就是他们创造的体验层级的价值，令人印象深刻，这也是他们能以比竞争对手更高的利润出售咖啡的部分原因。但不管店员对我有多了解，如果咖啡太糟糕，我还是会去别处。如果咖啡很棒，但体验很糟糕，我也会去别的地方。

三级价值是经济价值，是你为你的客户在产品上的投资所提供的回报。也就是说，你提供的产品、服务和支持能够让客户支付的钱得到回报。这个层级的价值实际上包含了一级和二级价值，因为如果你要创造经济价值，是无法绕开产品和体验的。

如果你想要创造第四层级的战略价值，你仍然需要创造其他三个层级的价值。但是，在销售中，从左往右，试图在产品特征、客户体验和经济价值之上增加战略价值，与从右边的战略价值开始，这之间存在着本质差异。如果你希望从第一级成长到第四级，用你的公司、产品、特色和优点开启与客户的对话，那你就已经把自己确立为一个只提供产品的推销员了。从一开始就把自己确立为四级价值提供者，这更有效。如果只是推销产品，那你也会被定义为"商品"（这意味着你只能去找客户公司的采购部门，降低产品价格，削减利润)。

要取代对手并不容易，你需要为不同的利益相关者创造不同层级的价值。在后面的章节中，我们将深入了解不同的利益相关者，现在我们先来看看他们需要哪些不同的价值。

不同的利益相关者需要不同层级的价值

为什么需要创造所有级别的价值？因为终端用户需要一级和二级价值，次级利益相关者需要二级价值，中层需要三级价值，高层则需要三级和四级价值。

你的产品本身很重要。要让客户产生与你一起工作的偏好，那么首先他们是需要你的产品的，而且你的产品起码得和他们现有的产品一样好。如果你不能让产品的终端用户满意，也就不存在让客户换掉供应商的战略性理由了。

要有人群需要你创造的二级价值。终端用户希望与你的业务来往是轻松愉快的，有同样需求的还有次级利益相关者。他们是你客户公司内部的人，他们可能不使用你的产品，但是会受到影响。他们可能属于会计和财务小组，负责处理你的发票并生成订单；也可能属于信息技术部门，他们需要你的解决方案能满足他们的技术标准；又或者属于工程部门，他们需要你的产品符合一定的技术规范。总而言之，与你做生意一定要容易。你需要提供尽心的服务和良好的支持，除了终端用户以外，还要照顾到其他部门的利益相关者。

中层管理团队、采购部门和行政领导层都需要你的产品或服务能产生投资回报，这就是三级价值，你需要向他们展示他们的投资能得到什么。

四级价值则要求你从一开始就指出需要改变的原因、对美好未来的展望以及对目标客户的战略性建议。这一层级的价值是为高层准备的，它远胜其他各个层级的价值。

强交易型和强人际关系型

价值层级的概念描述了市场被拉向两个方向的状态。在买卖只是实物商品的情况中，价格正在降低到可能的最低点。公司要有竞争力，就必须快速完成大量交易，保持购买环节上的顺畅，并降低成本。这是一级和二级价值提供者的策略。要注意的是，当一个公司决定只提供一、二级价值的时候，其做出的是一个战略决策。强交易型不仅仅意味着打折或做出价格让步，它也是某些公司持续竞争的方式。

与之相反的策略我们称为"强人际关系型"，意思是高信任度、高价值和高关怀。这种方法与强交易型相反，把更大的价值放在提供商业结果、发展客户关系以及提供专业知识上。当决策比较复杂时，会有许多因素起作用，也有许多道路可选择，那么基于价值的人际关系就至关重要了。这是第三级和第四级的策略。大多数 B2B 销售组织已经在创造第三级价值，即解决客户存在的问题。但要成功地创造机会、获得并留住客户，则需要第四级价值。第四级价值是具有破坏性的，它会帮助你促使客户改变。

不管有意还是无意，如果你的行为看起来像"强交易型"的，你就会被当作商品看待。对于目标客户来说，你顶多只是一个有吸引力的替代品，他们只关心价格，即使这样对他们是不利的。你将是一个小贩的角色（如果你听到客户这么称呼你，你应该很震惊吧），而不是一个被客户信赖的顾问（这个才是你想要的）。

相反，如果你是"强关系型"的，你会吸引那些想要更好结果的人和公司，也会吸引那些以增长为导向、不断发展的人和公司。"强关系"能让你成为一个值得信赖的顾问。

销售人员的"脱媒"①

在结束本章之前，我们不得不讨论这样一个事实，即不能创造更高层次的价值是销售人员无法成功的根本原因。如果你认为你只能推销产品，那么你就只是一个写订单的记录员，而未来没有记录员的安身之所，技术已经在消除无法产生价值的角色。现在，手机

---

① "脱媒"指交易跳过所有中间人而直接在供需双方间进行。此处指销售人员打通渠道，成功吸引客户注意力的能力。

上的某些应用程序就是推销员，已经可以让客户做出很多购买决定。甚至作为推销员的你，也会在没有人向你推销的情况下，点击按钮购买一堆东西（你回到家的时候，这堆东西已经在门口等你了）。

如果你相信只要能产生可见的结果，就会让你在销售中成功，那你就可能只对确定的机会做出反应，而不是成为客户可信赖的顾问，但其实后者才是你需要做的工作，因为它能创造机会。

客户没有理由换掉合作伙伴，除非有这样做的好处。如果你不能创造比客户当前的伙伴更高的价值，你就没有取代他的理由。你需要向客户展示未来的蓝图以及你会为他创造的新机会，当然，你也要成为那个能实现这一切的"神笔"马良。

因此，你应该从右往左创造价值，你需要一个更高、更具战略性、更完整的价值创造方案，一个对客户来说至关重要的方案。

现在，你已经知道了第四级价值是什么，接下去我们要使用它来迈出取代竞争对手的下一步——捕获目标客户的注意力。

行动起来

1. 列出 5 个联系人，他们分别在你最想得到的 5 个梦想客户公司工作。他们会希望你创造哪一个层级的价值？写下你的猜想。

2. 写下 3 件你能够做的，让每个目标客户上升到更高的价值层级的事情。

第二章 ｜ 捕获目标客户的注意力

在这一章中，我们将探讨一些方法，来执行前一章中提出的方案。我不想骗你说这很容易，或者只要努力就能大功告成。识别出重要的想法，确定客户需要做什么，才能确保未来的成功。在一个不断加速、不断颠覆性变化的世界里，你不能安于现状。

争夺注意力之战

销售中最不被重视的指标之一是"钱包份额"（wallet share），即客户在你身上花费的钱占其总支出的百分比。我一直不明白为什么一些销售人员和组织费尽心力得到一个机会后，却很快满足于从客户总支出中仅仅获得10%的份额。在成功签约以后，许多销售人员就止步不前了，不去想办法提高已有客户份额占比，反而花大量精力去开发新客户。

但是有一个指标比钱包份额量化难度大得多，也重要得多，因为它发生于钱包份额之前。事实上，它是控制钱包份额的关键，也是取代竞争对手的关键。这个指标是主观的，但结果却是可见的，它就是"注意力份额"。

注意力份额意味着你拥有潜在客户的一部分注意力。具体来说，你是某个领域的专家，你通过与客户分享你的专业意见和想法塑造了他们的思想。注意力份额就好像你提供的一个镜头，客户通过这个镜头可以把他们的业务、挑战和机会看得更清楚。他们可能已经有一个镜头了，而你正试图换掉它。这是一个嘈杂的世界，充斥着各种声音，特别是在社交媒体上，很多人肆意表达着空洞的想法。很多情况下，这些人只是分享一些容易引起他人注意的内容，比如可爱的猫咪视频、他们的政治立场，还有健身视频。社交媒体是一种强有力的媒介，但只有当它被用来捕获注意力时才是有用的。

想取代你的竞争对手，首先就得提高你在客户头脑中的注意力份额。第一步是改变你的梦想客户看待他们生意的视角，让他们意识到他们必须做出一些改变。现在，我就和你一起创造注意力份额。相信你一定对四个层级的价值印象深刻吧，通过与你们分享这个认知，我已经影响了你们的想法，已经让你们知道你们为客户创造的价值太少了，你们或许已经开始认识到你们现在接触客户的方式与更好的销售方式之间存在差距。我给你们提供了一个更清晰的镜头，让你们能够看到你们需要做些什么才能从竞争对手那里赢走客户。

通过换掉客户审视业务的镜头，你为自己打造了一个"智者"的形象，你知道正在发生的变化、这些变化对客户意味着什么以及他们应该怎么应对。换言之，你必须树立起能够创造强人际关系价值的名声，也就是说你在创造经济价值的同时，也应成为你理想客户所需要的那个人。

如果你注意发展你的商业头脑和情景知识，那么你和你的对手创造的价值就会逐渐产生差异。你要以商业趋势为中心确定你的思路，这些商业趋势会让你对手的客户迟早做出改变，而你会在那时站出来，帮助他们在陷入被动以前做出变革的决定。

要如何发展这种思维并产生有价值的见解呢？你可以从读报纸开始，无论是印刷的还是数字的。你需要了解最新的经济、政治、法律、技术、科学和文化趋势，因为所有这些都会以某种方式影响你的客户，你可以深入挖掘以获得洞察力。杂志和期刊也能够帮助你获得想法和见解，还有那些专门针对你的行业或客户行业的出版物。

你也可以观看或收听商业节目，你会听到商业领袖和分析师的讨论、他们的战略以及他们得出的结论。听听 CEO 们是如何看待他们的生意和策略的，你会从中学到很多东西。在一则网飞首席执行官里德·黑斯廷斯（Reed Hastings）的采访中，我发现了一个非常好的例子，当时他的公司刚刚开始引起关注。在采访中，记者质疑网飞的商业模式，因为它的 DVD 是邮寄给用户的，很容易输给在网上传送视频的公司。黑斯廷斯表示他知道这个危机，并回应："这就是为什么我们给公司取名网飞（Netflix），而不是邮寄 DVD（DVDs by mail）。"[1] 你看，黑斯廷斯对技术和娱乐业的发展趋势的洞察远远领先于普通人。

话虽如此，你还是应该从文字内容开始搜集信息，而不是电视或广播，因为以后你会需要用一些文字来证明你的见解。当你识别出重要的趋势和想法时，你要把相关文字整理并保存下来，那么当你要说服目标客户思考他们业务的未来时就有理有据了。

我希望你看明白了，如果你想成为一个值得客户信赖的顾问，你就有责任培养自己的建言能力。在这件事上没有人能为你代劳。如果你想教育你的客户，你必须先教育自己。特别是当你要求你的目标客户换掉他们现有的合作伙伴时，这是非常关键的一步。

---

[1] 网飞成立于 1997 年，一开始是一家在线影片租赁提供商，主要提供 DVD 并免费递送，之后变成了最大的收费视频网站。它的英文名 Netflix 中的 net 是"网络"的意思，也就是说黑斯廷斯在创办初期就已经预见到视频业务会由 DVD 转向网络。

不和谐和安于现状

你的客户有时候会感觉难以适应他们所处的环境，以前明明效果不错，一定是哪里出了问题，他们非常希望能够回到"正常的状态"。即使他们目前走势强劲，你也可以帮助他们预见即将到来的挑战并做好准备，从而达到扩张或提高绩效的目的。你的梦想客户大多数安于现状。随着挑战的出现，他们会求助短期的解决办法，这样他们就能不做实质性改变了。变化的确可怕，但是如果你连去了解你需要改变什么以及如何改变的信心都没有，那它将可怕到你难以想象。

我们需要帮助客户抛弃过去的工作方法，采用适应现在的新方法。你的客户可能过去很了解他们所处的世界，但现在他们已经和盲人没什么差别。过去，他们知道需要改变，也更容易接受新事物，因为参与决策的人比现在少多了。

看看现在，你的客户面对的是一个混乱的、充满不确定性的世界。整个工业正在被重新定义，新商业模式正在摧毁旧商业模式，可用的资源变少了，而提高业绩的压力却更大了。同时，客户公司中要为财务表现负责的人也更多了。我们现在所处的世界是一个不断加速、不断颠覆的世界，我们不太确定我们应该做什么，甚至就问题和解决办法达成共识都很难。

下面列出了一些使事情变得更加不确定的因素

·互联网、物联网和手持设备日益普及，技术变革重塑了企业、商业模式和客户期望。

·全球化带来了更大的竞争、更低的工资、利润率下降的压力以及想要获得更好的财务业绩的渴望。

·整个西方世界的民粹主义运动正在重塑各国政治。

·整个工业正被近几年才出现的技术脱媒。

·政府开支在增加，老龄化人口的负担及其医疗保健费用也在增加，所有这些都对公司造成了更大的负担。

想想这些事情对你生活的影响。你可能在一个 APP 上订机票，用优步打车（或开电动汽车）上班，开车穿过星巴克去取你预先订好的咖啡，在 iPad 上阅读新闻，并且用爱彼迎解决商旅住宿问题。你的公司可能允许员工在家工作，要求所有的通信都通过像 Slack 或 Teams 这样的应用程序来完成，而不是通过电子邮件，并且会频繁召开视频网络会议。你还很可能在网上遇到你的另一半。正如退役将军臣石（Shinseki）所说，"如果你不喜欢改变，那你就会与世界脱节"。

今天的变化速度和未来的不确定性是你的客户感觉不适应的根

源，客户的信念和现实之间存在着冲突。

这时候就轮到顾问登场了。顾问的任务是帮助客户理解这个混沌的世界。你应该清楚影响客户生意的力量，清晰地看到未来，并且知道现在需要做什么、要怎么做以及如何帮助客户做出必要的改变。成为顾问的第一步是拥有解释不适应的能力，让不确定的因素变得确定，你应该充满信心并直率地指出应该做何种决定及采取何种行动。

如果信息是对等的，你的客户知道他们应该做什么，或者比你知道的还多，那么你就没有用武之地了。现在来说说信任和建议。如果我不需要你的建议，我也不依赖你在某个特定领域的专业见解，那么你就不可能成为我信任的顾问。说得好听点是你有点多余，说得难听点就是你叫人讨厌，因为你把我的时间浪费在低层价值创造的对话上了，你没给我带来高价值的东西。

假如你的竞争对手与你有一样的认知，也坚信应该做出改变，那他们就能带领他们的客户走向美好的未来，可惜他们没有。如果他们确实知道客户应该做什么，但是无法让他们执行必要的变革，那就代表他们没有获得所需的注意力份额。

组成"危机"这个词的"危"表示危险，"机"则代表机会。在一个不断加速的破坏性时代，你的角色是识别机会，同时帮助你的目标客户避免危险。

超级趋势的影响

你的客户经历的不适应源自巨大的全球性趋势。这些趋势都是结构性的转变，如人口、技术、政治和经济方面的变化。这些超级趋势既提供了机遇，也带来了挑战，两者都对应着变革。

我们之所以要探寻超级趋势，是因为它们非常有价值，它们能够解释客户感知到的不适应。佐证超级趋势的事实已被很好地记录、研究并证实，因此你很难拒绝相信或忽视它们。这就把对话从争论变成了讨论，而这样的对话能塑造你忠实顾问的形象，从而开始挤占对手在客户心中的位置。

具体要如何操作？让我们举一个当下我们已经面临的超级趋势的例子。2017年年底的时候，美国每天有上万名"婴儿潮"一代的人退休，也就是说一年的退休人数将超过400万。这意味着他们的工作岗位需要补给新人，也意味着他们开始享受政府的医疗和社会保障，他们中许多人的收入将大大减少。以上都是不争的事实。当你需要一个案例去说服目标客户改变的时候，这些事实是不错的素材，但你还需要洞察力和理解力，你需要让客户知道超级趋势对他生意的影响。

随着400多万人退休，你要制定一个战略计划，用新人来填补空缺，你得确保这些人需要工作并且想做这份工作。为了保持就业水平，每个月需要有 3 万多人填补空缺职位，但我们不知道年轻一代是否想要这些工作并且掌握着必要的技能。年轻人或许觉得这些工作不够理想，或许更喜欢打零工，或许向往自由职业。这意味着你需要的员工可能不认同你的价值观，也不喜欢你习惯的环境。这里的问题是，当劳动力正经历巨大的代际转移时，你应该有什么样的人才获取战略？

由于大量"婴儿潮"一代的退休，并且预计他们会很长寿（这是另一个无可争辩的事实），政府用于医疗保健的支出肯定会增加。这意味着政府将花费更多的钱，也可能在医疗行业开放更多的商业性许可，经商的成本会越来越高。这里的问题是，你现在应该做些什么来应对未来商业成本的增加？

我们介绍了一个超级趋势及其带来的两个问题。请注意，在以上两个段落的结尾，我问的问题都没有答案。根据不同的企业位置、战略和资源，可能存在非常不同的策略，需要做非常不同的决定。大家的观点会有所不同，而且必然如此。我们之所以要问这些问题，是为了解释这种不适应——为什么我们现在很难找到我们需要的人。问这些问题也能使我们的目标客户认识到，他们没有充分考虑这一趋势，也没有思考过相应的对策。

你需要设计与目标客户的对话，在对话中陈述你的想法，展现你的商业头脑以及情景知识，并基于你的观点和经验提出建议。也许，应对人才获取挑战的正确方法是用技术取代一些人类角色，更多地应用自动化。另一个选择可能是将职能外包，从而完全消除对该角色的需求。还有一个选择是提出新的价值主张，来吸引你所需要的人才。也许正确的答案是结合上述所有的选择。

制度成本和税收的重大变化而造成的成本上升会导致提价的需要，这也将是一大挑战。如果不提价，就需要降低其他内部成本来确保盈利能力。你可能需要使用某种成本模型全方位调整你的价格，通过把增加的成本转嫁给客户来保持你的利润率。针对这件事，可能有不同的观点，不同的公司在不同的时间会有不同的答案。那么，你如何证明你有资格建言呢？还有，你知道提供什么建议吗？

有两个因素表明你有必要的专业知识来提供好的建议。第一，你掌握着大量事实，清楚它们所代表的意义。这就是我们在本章中一直在讲的争取注意力份额。而决定给出什么建议更复杂，需要调动你的情景知识，这是第二个因素，与捕获注意力同样重要。这是你看过无数人的决定和因此产生的后果之后获得的经验，你提供的建议就是基于这样的知识、经验以及你对客户情景的理解。值得注意的是，通过获取你公司所有致力于帮助客户产生更好结果的人员的知识和经验，你可以极大地提高自己的经验值。

你的知识和建议让你成为一个值得信赖的顾问，然后你就可以赢得更多客户的注意力份额了。

技术、政治、经济、科学和文化趋势

也许告诉你如何捕获注意力份额并让客户决定改变的最好方式就是模拟操作一遍。那么我们现在就来审视一下几个行业，确定相关趋势及其意义，给你的实践提供一个可循的范本。能提供有关趋势的证据和轶事有助于你说服客户做出改变。

例1：销售金融产品

这个例子将告诉你，如果你是一个金融产品的销售人员，你如何从第四级价值层面开启与目标客户的对话。我们会看到趋势及其含义以及可能说服客户改变的一些观点和数据。

趋势：

· 预计人类的寿命将会延长。

——在美国，女人的平均寿命将延长至83.3岁，男人则是79.3岁。

· 通货膨胀率可能上升。

——通货膨胀率已经从去年的1.6上升至2.2，并且还有继续上升的势头。

· 医疗保健费用正在增加。

——1960年的医疗费用为2720万美元，占国内生产总值的5%。2016年的医疗费用为3.3万亿美元，占国内生产总值的17.9%。

· 个人储蓄率下降。

——1960年，个人储蓄率为10.6%。2018年，个人储蓄率下降到3.4%，这意味着对政府补贴有更多的依赖。

· 政府在卫生保健方面的支出将在2025年达到5.7万亿美元，比GDP增长速度更快。

——政府在2008—2016年间每年的医疗保健支出增长率为4.2%。

平均寿命延长主要是科学进步的结果，通货膨胀是一种经济趋势，医疗费用是由经济趋势以及政府和政治因素驱动的，储蓄率则代表了文化趋势。出生在大萧条和"二战"时期的人们知道痛苦的滋味，他们储蓄更多以抵御下一次的经济低迷。而之后的世代没有经历过那种恐惧，因此储蓄率就下降了。

所有这些趋势都是说服你的客户做出改变的理由。但是为了帮助他们认识到改变的必要性，你还需要解释这些趋势意味着什么，然后给出应对的方案。你要告诉你的梦想客户维持现状将导致的负面结果以及现在采取行动来应对这些趋势将产生的积极结果。

你可以从这些趋势中任意挑选一个开始和目标客户的对话。你可以这样开场："有 5 种趋势在促使我们的客户改变，我们也在因此调整我们曾推荐的一些决策。事实表明，人的寿命越来越长，通货膨胀越来越厉害，医疗保健费用越来越高，而个人储蓄率却处于历史最低水平，政府开支无疑是在增加的。"

启示：

- 你会活得比你想象的要长。
- 通货膨胀会使你现在储蓄的钱在未来贬值。
- 医疗保健费用在增加，意味着未来你的钱会更多地花在这上面。
- 大多数人没有足够的储蓄来应对医疗保健费用的上涨。
- 政府支出将增加，同时会降低医疗福利的覆盖面或要求民众承担更高比例的费用。

你可以把这些启示重新组织一下告诉你的目标客户："我们将活得比我们想象的要长，我们省下的钱将会受到通货膨胀的负面影响，我们将来需要更多的钱用于医疗保健，政府将会跟我们一样拮据。"

现在让我们来看看作为一个顾问需要给出什么样的建议。你已经跟目标客户阐明了他的世界正在经历的变化，也解释了这些变化意味着什么，现在你需要指出你的目标客户当下需要做的事情。

建议：

- 未来你需要节省的和用于投资的钱远超你的想象。
- 你将不得不使用一些金融工具来保护你的资产。
- 你将比以往更加频繁地做出调整。

你提供建议的方式非常重要。你需要强迫你的客户去改变，但你又不想做得太过火而引起反效果。你可能会说："我们建议您多存钱、多投资，选择更好的金融工具来保护您的投资不受通货膨胀的影响，而且要更频繁地调整投资计划。"

这是一个相当具有普适性的建议，提出一些合理的假设，以解决你的目标客户所面临的已知或未知的问题。但是，你给出的建议应该因客户的不同而有所区别。

在过去，你可能会以一级价值销售人员的身份出现，展示你的金融投资产品，并描述该产品的特点和好处。你也许会非常依赖公司的口碑，以此来证明你是可信赖的，并且是一个值得进行业务往来的人。如果这就是你的方法，那么难怪你很难取代你的对手。你这不是在销售真正的价值，你没有帮助客户理解为什么他们必须改变，你没有捕获他们的注意力。

而在以上这个案例中，你是以四级价值提供者的形象出现的。在商业对话中，你讨论的是战略成果，而不是说着有关你的公司、产品和服务的陈词滥调。通过探究客户所处的世界以及他们需要做什么改变，你可以很自然地把对话导向解决方案——我们对此做什么，我们如何做。

例2：销售技术产品

在这个例子中，我们将着眼于导致购买技术产品的客户做出改变的一些趋势。技术产品购买者包括销售软件（Software-as-a-Service，SAAS）的公司或销售诸如企业资源规划（Enterprise Resource Planning）之类产品的公司。

趋势：

- 云计算消除了操作问题，降低了成本。

  ——公司正在去除非核心能力，包括运行服务器，并且不断扩大他们的软件规模以满足其业务需要。

- 更多的员工在家工作。

  ——2016年，有45%的员工有时在家工作。

- 技术进步正在呈指数式增长，消费者适应新技术的速度更快了。

  ——技术的进步使公司能更好地为客户服务。

- 消费者对与他们有业务来往的公司有了更高的期望。

——消费者期望更及时的响应、个性化以及对自己信息的访问权限，他们喜欢那些对自己的需求有求必应的公司。

这些趋势是技术和文化方面的。我们可以轻松加长这个表单，比如人工智能、机器学习、一体化，还有雇用具有技术专长的员工来运行业务中的非核心部分与外包成本的对比。

你可以这样对你的目标客户说："我们相信在未来18~24个月内，有四大趋势将对你的业务产生巨大的影响，分别是公司通过云计算外包非核心业务的能力不断增强以及由此带来的成本节约；人们接受新技术的速度将大大提高，使得获取新技术的速度在配备劳动力和满足客户期望方面至关重要。"

启示

- 将时间和精力投入非核心业务能力的公司花费很多时间和金钱产生的结果可以选择外包某些职能来实现。
- 因为会有更多的人在家工作，所以需要采用新技术，使他们能够获得资源，进行交流，并在办公室以外进行合作（甚至有可能他们根本没有办公室）。
- 员工和客户都希望自己的公司向他们提供与公司互动所需的技术。
- 客户期望能够通过多个渠道与跟他们做生意的公司保持

联系，他们会"惩罚"那些没有及时响应的公司。

"外包非核心业务可以腾出资金投资创造竞争优势的核心能力"，如此开启与目标客户的营销对话，你就不是仅仅推销产品本身了，而是在说这个产品能带来的战略性优势。

只有在上述这样的对话中，你才可能与目标客户分享你的价值观和想法，同时提供一些建议。

建议：

·采用基于云的软件即时解决方案，减少在昂贵的 IT 资源上的花费，既降低了你的总体成本，还能为你的客户和员工提供升级的体验。把节省下来的钱投入到提升你的核心能力上，为你的客户创造更高的价值。

·提供必要的工具，让在家工作的员工能远程连接和协作，确保他们的办公体验和在办公室一样好或更好。

·由于你的客户会要求访问他们的数据、报告，请求支持和更改，因此你要向他们提供多渠道的支持。

你提供的建议应该具有战略意义，"我们认为您应该淘汰非核心技术，以减少开支，并把节省下来的钱投资于核心业务"。有一点请你注意，那就是无论目标客户是否选择你，你的建议都应该是正确的。通过教你的客户了解他们的世界，并且提供你的想法来改善他们的业务，你建立起了信任，并且为他们为什么应该和你合作提供了理由。

这是基于第四级价值的方法。我们从全球趋势入手，指出它对客户的意义，然后提出我们的想法和相关数据以及正确的选择。为了使例子具有普适性，我选择了普遍趋势来讲述这两个故事，以向你呈现能让你拥有竞争优势的销售方法。

这与我们取代竞争对手的目标有什么关系呢？当你只能创造一、二、三级价值的时候，你和你的对手没什么差别。你的对手已经在提供产品或服务，虽然可能不如你的好，但应该够用了。你的对手应该也能提供良好的体验，即便无法提供，客户也学会了忍受。在这种情况下，与你做生意的轻松感可能会吸引客户公司的少数股东，但不太可能让你挤掉你的对手。你的对手也在为客户创造成果，可能这些成果不那么令人满意，但换掉现在的合作伙伴可能会带来更大的危机。

确立一个主题

如果你不知道未来趋势将对你的目标客户的业务造成冲击，也不知道如何应对这些趋势，你就不能在第四级进行销售。你的洞察力、观点和经验应该是指引梦想客户前进的导航器。

想象一下有两个销售人员，一个有上述提到的能力，而另一个则不然。第一个推销员可以解释世界动态，解释为什么做事变得困难了以及该怎么办。这个推销员将用这些话题展开销售对话，而不只是说产品说到口干舌燥。第二位推销员会展示公司的产品列表，该列表提供的信息比公司网站好不了多少，而这种销售对话往往持续不了几分钟。

采用第一位销售人员的方法可以让你进入第四层级，把自己定位为一个值得信赖的顾问。作为顾问，你可以向目标客户推荐具有战略意义的决策、产品、服务和解决方案。如果这样做不能产生效果，就说明你没有取代竞争对手的优势。如果你的产品、服务和解决方案与竞争对手的相似，那么提升到更高的价值水平就是你说服目标客户的唯一理由。只有客户有改变的需求，你的产品、服务或解决方案才能引起他的兴趣。现在你已经在目标客户面前摆上了一个新的镜头，并且让他们相信你是可以推动他们前行的那个人。

最后，你需要一个统一的主题来向你的目标客户展示你的想法。你需要一个描述已经发生或正在发生的变化的完整图景，这个图景能为你提供一个框架，以整合你的见解、想法和问题。

如果我必须确定一个贯穿我所有书籍的主题，那么这个主题是"在持续加速、充满破坏性变化的世界中成为一名值得信赖的顾问"。

你可能会根据"婴儿潮"时期出生的人大量退休所引发的趋势再发展出一个主题，叫"社会安全系统的支出增加及其对小企业的影响"。再举两个类似的主题，比如"保证晚年生活质量"或"将投资转向更具战略意义的结果"。你需要一些重要的主题，紧扣趋势及其影响，这是你捕获客户注意力的方法。

只有掌握了稀缺的信息，你才能捕获客户的注意力。

行动起来

1. 确定 4~5 个将导致你的目标客户现在或未来必须改变的趋势。

2. 写下这些趋势应该引起客户考虑的问题。

3. 列出客户现在应该做的改变，以应对他们所处行业或市场的变化。

第三章 | 培养与目标客户的关系

你想有机会取代竞争对手，就必须培养与目标客户的关系，这是一场持久战。你需要一些策略来把自己塑造成能创造更高层级价值的人，同时你要不断分享你的想法，并且秉持专业态度，争取与客户会面的机会。

在本章，我们将学习如何制定培养与目标客户关系的长期计划。你需要使用各种方法，把你改革者的形象建立起来。当你的竞争对手沉浸于往日的成功、认为他们不可能失去客户的时候，你已经将自己定位为客户的下一个合作伙伴了。当你的竞争对手因循守旧、庸庸碌碌的时候，你已经在忙着捕获注意力，让客户认识到不足以及相应的提升空间。

如何向你的梦想客户介绍自己

与你的目标客户开启商业对话的方式非常重要，你一开始就应该以顾问、专业人士及伙伴的形象出现。也就是说，你传达的一些信息要让客户觉得值得花时间深入了解。千万不要大谈特谈自己，也不要用老套的开场白，因为这不会给你想要的结果。

以下是一种非常传统的要求会面的方式。它可能仍然有效，但与你的目标是相悖的。

"嗨，我是安东尼·伊安纳里诺，我是XYZ小部件公司的，我们公司是小部件制造业的领军者。我想登门拜访，介绍一下我自己和我的公司，也了解一下您和您的公司。您看星期二下午1点还是星期三上午10点比较合适？"

这个开场白存在很多问题。首先，你说在会面中要介绍你自己和你的服务，好像这个会面是以你为中心的。你不断让你的目标客户回想起他们以往和销售人员的糟糕会议经历——你带了幻灯片来展示你公司的历史、领导团队，还罗列了所有购买你们产品的大公司名称。而且，在推销产品之前，你还想问几个问题。

接着，你决定采用一种已有四五十年历史的古董签约技巧，它让你看起来像个自作聪明的傻瓜，客户怎么会不厌恶？这被称为"没有选择的选择"，因为它摧毁了你做出其他选择的可能性。即使这招有时候也会奏效，但其实你可以选择更好的方法。我们来探索一下，如果立足于更高层次的价值开始自我介绍，把自己确立为一个有洞察力、有想法、能够帮助客户产生更好结果的人会是什么样子的。

"早上好。我是XYZ小部件公司的安东尼·伊安纳里诺。我今天给您打电话是想邀请您与我开一个20分钟的会议，我想和您简单谈谈4个在未来18~24个月内会对您产生巨大影响的趋势。我还想告诉您我和我的客户在讨论的一些问题，我认为您也可以和您公司的管理团队探讨一下这些问题。周四您有时间开这个20分钟的会议吗？"

这是一个完全不同的出发点。我向客户表达的是，我知道这些趋势是什么以及它们将如何影响你的业务。我也清楚地表明，我知道要如何应对这些趋势所带来的挑战、需要问什么问题以及问题的答案是什么。我甚至愿意把这些问题分享给这位客户，这样他就可以与管理团队商议，也就是说，他完全可以撇开我走上变革的道路。最重要的是，我提供的价值超过了我所要求的时间。这种不平衡对我的目标客户是有利的，因为他们用仅仅 20 分钟就可能改变他们正在产生的结果。还要注意的是，我没有说要谈论我、我的公司或我的产品，这些都是一级价值层面的东西。如果你想占领四级价值领域，你就应该这样开始。

准备好被拒绝

学了我的方法是否意味着你永远不会听到"不"？当然不是。时间是唯一有限的不可再生资源，你的目标客户会像魔鬼一样保护他们的时间。不过即使你得到了否定的答案，你仍然让对方记住了你是一个清楚什么必须改变、为什么必须改变以及如何做出改变的人。上一章中指出的超级趋势将使你的目标客户意识到他们需要改变，并且你是帮助他们改变的不二人选。

更重要的是，当你的目标客户已经有合作伙伴的时候，打个电话，走进客户办公室，把你的对手扔出去，这感觉过于粗暴无脑了。这不是一个周到的计划，也不可能成功。当然，肯定会有人接受你的会议邀约，但要想取代对手，我们需要做好长期战斗的准备，我们要显示我们的专业性，有条不紊地发展与客户的关系，创造机会让客户最终决定改变。

最重要的是让你的目标客户听到你的声音。你要让他们知道，你能够帮助他们找到他们目前状态的原因，而你掌握着带领他们走向更好未来的钥匙。

不要通过电子邮件与目标客户开始对话。低价值层级的销售人员才会只选择电子邮件，他们以为电子邮件能够为电话拜访预热，这大错特错。不可能有客户在收到电子邮件后自言自语："有个推销员给我发了邮件，多体贴啊。我要记住他的名字，希望他尽快给我打电话。"电子邮件是跟进电话或语音留言的工具，你不应该用电子邮件的方式邀请对方参加会议。你可以用电子邮件来分享一些有价值的想法，让对方知道你会再打电话过去，而不是期待对方给你打电话。

说服客户改变所需的理由

说服目标客户做出改变，并让你取代你的竞争对手，你需要有理有据，其中应包含四大块内容。只有四大内容俱全，你才能获得足够的注意力份额，创造变革的机会。

为什么要改变

可能有一些趋势会极大地改变你目标客户的现状，以至于他们需要做一些非常不同以往的事情才能延续昔日的成功。这些趋势都是你说服目标客户做出改变的素材。

让我们再回过头去看一下第二章中反复提到的趋势：在美国，

每天有上万名"婴儿潮"一代的人退休。你如何利用这样的趋势来告诉你的目标客户需要改变呢?

首先,我们来看一组复杂且难以回答的问题:

·随着人才库的萎缩,你如何识别并争取到你经营企业所需的员工?

·你要如何建立起吸引你所需的员工的价值主张?

·你的价值主张如何引起那些怀着不同期望刚加入劳动大军的年轻人的共鸣?

·你如何弥补由于"婴儿潮"一代退休而产生的技能和经验的缺失?

现在,让我们把这些问题转化成"为什么现在要改变",然后做出回答。

·人才库正在萎缩,希望在未来也继续保持成功的公司必须更卖力地争取他们需要的员工,特别是在技术和领导力方面。

·员工的价值主张往往与公司倡导的价值主张不同。

·年轻一代喜欢为工作形式灵活、能赋予他们目的和意义的公司工作。

- 一些技能人才短缺，经验丰富的员工太少。

看到了吗？你应该这样用你的想法和洞察力来准备好充分的理由，以说服客户改变。我们需要把前面章节中学到的东西变成可操作的实战"武器"。

这样做，你的目标客户就能看到他现在的合作伙伴所创造的价值和你能创造的价值之间的差距。首先，如果你的竞争对手也在关注这些趋势和想法，并且认识到这些变化至关重要，那么他们一定已经在为他们的客户设计应对之策了。如果在这种情况下，客户还是没有改变，那么他们和客户的关系一定存在某些问题，以至于客户不那么信任他们，或者阻碍了客户接受他们的建议。这时你就有机可乘了，你可以通过分享你的想法来展示自己的优势，抢占客户的注意力份额。再则，如果你的竞争对手知道这些因素，却无法说服客户改变，那么这本身就是个大问题，足以导致他们被取代。

你与目标客户分享的内容应该说明他们需要改变的原因，解释清楚客户正在经历的不适应以及为什么他们一直在用的工作方式不再奏效。

通过把自己塑造成一个有洞察力和远见的人，你就能创造机会，发起一次取代对手的行动。

这是目前销售人员和机构需要做出的主要变革。过去，你可以假设你的目标客户对他们现在的合作伙伴不满意，你所要做的就是找到他们不满意的点，然后制造机会取而代之。而现在，你需要强有力的理由来说服目标客户改变，而不是等着他们举手求助。在商业关系中，等待和回应只能创造比较低层的价值。如果你现有的客户因循守旧，远远落后于趋势，那你就不是一个称职的顾问。一个称职的顾问应该帮客户规避掉危机。

告诉客户"为什么现在就要改变"中还蕴含着一个小小的挑战：你是一名销售人员，你最终会尝试向客户销售你的产品，所以你的目标客户可能会怀疑你的动机。这是你必须解决的问题。

提供证据

如果我告诉你，每年有400多万个"婴儿潮"一代的人退休，也就是每天上万人，你可能不相信。但是当劳工统计局说这是事实时，这就一定是事实了。或者当《华尔街日报》和《纽约时报》对此做了报道以后，你还会不信吗？你的工作是验证你所分享的事是否真实。如果你想成为一个可靠的信息来源，你需要引用第三方的话。剽窃他人言论的人很可恶，但引用他人言论则会让你成为学者和思想领袖。

有无数的第三方可以提供证据证明你说的话。你可以使用政府数据，比如劳工统计局、人口普查信息和其他政府报告。你也可以使用第三方关于法律修订的信息及其对企业的影响。像弗雷斯特（Forrester）、加特纳（Gartner）和盖洛普（Gallup）这样的研究机构可以提供关于趋势及其影响的信息，他们为信息的有效性做了背书。报纸和杂志也可以证明你描述的超级趋势是真实的，它们的的确确会影响你目标客户的生意。

要证明"为什么现在就需要改变"，你需要一些文章和报告。借助第三方的观点，你所言及的趋势及其将带来的威胁和机遇就变得可信了。总而言之，你要用有力的证据来支持你的论点。

事实与数字

如果一张图片的效果相当于上千字，那么一个在恰当的时间和地点展示出来的数据则相当于上万字！在你的目标客户公司中有一些人只有亲眼看到数据，才会相信你说的话。我们生活在一个大量数据被创造、被收集并被用于提供见解的时代，这些见解使我们能够做出更好的决定。对于我们是谁、我们在做什么以及我们做的事意味着什么，我们看得比以往更清楚，因为我们有海量数据。越来越多的决策者会想看到数据，其中不乏一些决策者甚至希望自己从数据中推导出结论。

提供事实和数据在你取代竞争者的尝试中将起到两方面作用。第一，它提供了不同程度的证明。除了第三方背书之外，它还提供了事实本身，不受分析的影响，客户可以自己看。第二，它需要你的目标客户自己判断数据对他们意味着什么。没有他人提供分析或解释，你的目标客户必须自己思考他们看到了什么以及这意味着什么。这就使得信息甩掉了"理论"和"抽象"的标签，并让你的目标客户在情感上与"为什么现在就要改变"这个问题有了联系。

到目前为止，你已经准备好了"为什么现在就要改变"的理由，也有了足够的证据证明这些趋势是真实存在并且急需应对方案的。这第三个内容（事实和数据），可以帮助你的目标客户理解他们的所见所闻。现在我们来看看第四个你需要与目标客户分享的内容——你的观点和价值观，也就是告诉客户应"如何改变"。

观点与价值观

这一切意味着什么？我应该如何看待这些趋势、证据和数据？我应该怎么理解？我现在应该做什么？你的目标客户将会面临这些困惑。如果你想成为一名可靠的顾问，你就需要有相关建议供客户采纳，比如应该做什么、什么时候应该做完以及用什么方法做。你必须有优质的答案，也就是说，你要能明辨好坏、是非、真假。

你要建议目标客户做一些不同以往的事情，这是需要观点和价值观来支撑的。你相信你建议的选项优于其他选项、你提出的方案优于其他方案，你要用你的这种信念感染目标客户。你要告诉客户趋势意味着什么，他应该为未来做什么样的准备，也要让他认识到他必须改变。

如果"婴儿潮"时期出生的人真的以上文所提到的速度退休，进而导致人才库萎缩，那么我的观点是"那些没有制定招聘计划来甄别并雇用替代者的公司将在人力资源方面产生很大的问题"。但我会以另一种形式将这个观点表述出来，"那些没有努力改变价值主张以吸引年轻一代的公司将会陷入困境。我们需要更灵活的工作时间和奖励机制以及能够让员工觉得工作更有意义和目的性的工作场所"。我会赞同的另一种观点是，招聘公司需要通过建立培训机制来弥合技能缺口，让年轻人习得他们在新岗位上获得成功所需的技能。我的价值观是，雇用员工以后就应该培训他们。如果培训环节缺失，客户和他们的新员工都会受损。

通过以上四种不同类型的内容来强化"为什么现在就要改变"这个信息，你能捕获目标客户的注意力，并且把自己定位为一个价值创造者、一个能够带来更好结果的人。

你和目标客户分享你的想法和见解后，无需担心你的竞争对手会将它偷走。有想法就要说出来，不然谁知道你的远见呢？藏着掖着是没办法让你取代你的对手的。你也不必担心其他销售人员使用与你相同的方法来和你竞争，因为我在本书的前面章节中所描述的方法需要大量的工作，大多数销售人员不愿意沿着这条路走下去，他们宁愿销售低层价值，他们并不想成为客户的伙伴和顾问。

对你的信息进行排序

这种方法要求你持续地与目标客户进行沟通。要做到这一点，你需要一个坚实的计划，还需要考虑消息的顺序，你需要将消息堆叠建构成一个能够说服客户改变的体系。

本节将为你提供一个与客户保持频繁交流和有效传递信息的方法。它就像食谱一样，有一定的基本配方（这你不能改变），但你可以根据自己的口味进行调整。因此，我们将只介绍核心配方。你可以改变这些配方出现的频率和顺序来满足你的业务需求。

首先，我们要选取一定数量的目标客户。对我来说，这个数字是 60，原因只是我可以把这个数字的目标客户分成 4 组，交流 4 周以上。你可以把这 4 个组分别命名为 A 组、B 组、C 组和 D 组。你可以选择更多的目标客户，但是最好不要少于 60 个。

第 1 周：A 组

打电话：这个月的第 1 个星期，我会打电话，留下语音信息，然后给我的 A 组客户发一封电子邮件跟进。在电话中我会用到本章中介绍过的措辞，并请求对方参加一个 20 分钟的会议，在会议中我将做一个执行简报。

语音留言：当然，我的目标客户很忙，所以我无法联系到 A 组的全部客户（15个）。我会给他们语音留言，解释我是谁、为什么打来电话以及我想要什么。在这条语音留言的最后，我会告诉客户将给他们发电子邮件，这样他们就有我的联系方式了，而且下星期我还会再给他们致电。

电子邮件：我发送的电子邮件将简短并切中要害。我会为没有联系上他们而抱歉，并让他们知道我下周会再次来电，看能不能安排一次执行简报。我会让他们知道在电子邮件中有我的联系方式，如果有需要，他们可以随时联系我。

在我们移步至第2周之前，我要你们注意，我并没有要求我的目标客户给我回电话。回电话不是他们的工作，是我在试图和他们做生意，而不是他们来找我的。这种想法会让你们坚强，让你们不至于因为目标客户没有回电而受伤。我还清楚地告诉目标客户，我会再来电的，这是告诉他们我在很认真地争取召开一次会议，我不是那种每季度打一次电话然后就消失的销售人员。

第2周：B组

第2周看起来和第1周完全一样：给B组的所有目标客户打电话、留语音信息、发电子邮件。流程没有改变，但目标客户组改变了。而且由于我们在第1周对A组做出了承诺，因此现在我们必须履行这些承诺。

电话、语音留言和电子邮件的组合模式在A组中将被再次使用。上一次，他们错过了你的电话，这次你要对你的语言做一些改动，你的言辞可以更个性化一些，也可以更有幽默感，我想没有人愿意和一个沉闷且严肃的人开会吧。

第2周，你将给30个目标客户打电话，结果会有两种：要么成功与目标客户预约了会议，要么会议请求被拒绝。但你一定留下了30条语音留言，发送了30封电子邮件。算下来，就是每天6个电话和6封电子邮件。你有充足的时间进行额外的探索，并做一切必要的工作来抓住已经上门的机会。

第3周：C组

这是本月的第3周，你将使用完全相同的模式开发C组客户。看似没有太大的变化，只是有一个新的组加入了你的日程。你在第2周答应过B组客户你会再打电话，所以这是你本周需要执行的任务。

你已经连续2周试着和A组客户取得联系了，现在你可以向他们发送一些有价值的内容，而不求任何回报，甚至不需要他们回电。至于什么是有价值的内容，我们在本章已经概述过，有很多内容可供选择。

- 如果你有一个博客帖子谈到影响你目标客户业务的一个趋势，你就可以和他分享这个帖子的链接，解释为什么你认为这个趋势重要到需要他的注意力。

· 你可以找一份报纸、杂志或期刊文章来佐证这一趋势。最好能帮你的目标客户把文章打印出来，并标出重点，这是重塑客户思维和获取注意力份额的开端。你帮客户决定了值得注意的内容，你的专家形象因此树立了起来。

我会在早期的交流中就提出"为什么要改变"，即便这很麻烦，因为必须提供证据、事实和数字，还需要解释它的重要性。

第4周：D组

在D组身上，你也套用打电话、语音留言、电子邮件的模式。你欠C组一个跟进电话，还要向B组发送你上周发送给A组的"为什么要改变"的内容。已经与A组连续交流3周了，你可以给他们1周时间休整。你不是要放弃，只是给目标客户留一点空间。你肯定想成为一个专业的人，而不是一个讨厌鬼（不要让你的目标客户觉得上车以后要看看后座，以防你坐在那里等他）。

我觉得你需要知道"整体方案"这个概念是多么重要。追求你的梦想客户和捕捉他们的注意力是一个创造性的工作，有很大的发挥空间。但首先，让我给你几句忠告。

不要通过自动化手段完成以上这些事情。做这些事情的目的是培养你需要的人际关系，而人际关系是无法通过自动化来强化的。

在这里，你不需要多高效，你需要的是有效。这些交流应该烙上你的印记。只有你真的有心要把交流做好，你才有可能做好。你的营销部门永远不会成为你目标客户信任的顾问，而你却可以，只要你有心。

接下来你要做的事情是这样的。

第 5 周——

A：电话、语音留言、电子邮件

B：暂停 1 周

C：发送有关"为什么要改变"的帖子或文章

D：电话、语音留言、电子邮件

第 6 周——

A：在领英上建立联系

B：电话、语音留言、电子邮件

C：暂停 1 周

D：发送有关"为什么要改变"的帖子或文章

第 7 周——

A：暂停的第 2 周

B：在领英上建立联系

C：电话、语音留言、电子邮件

D：暂停 1 周

第 8 周——

A：电话、语音留言、电子邮件

B：暂停的第 2 周

C：在领英上建立联系

D：电话、语音留言、电子邮件

第 9 周——

A：再次发送有关"为什么要改变"的帖子或文章

B：电话、语音留言、电子邮件

C：暂停的第 2 周

D：在领英上建立联系

你已经给目标客户发送了讲述超级趋势的帖子或文章，也发送了一些关于"为什么要改变"的内容。现在你可以介绍另一个趋势，或者你可以发送更多与上一个趋势相关的文章。

在我们继续讲下去之前，我有一个强烈的预感（因为我经验丰富），那就是这将是你在追求梦想客户的道路上坚持最久的一次。你的竞争对手可能从未遇到过任何人能够如此坚持不懈地努力获得与他们客户会面的机会，也从来没有遇到过任何人是基于价值创造来销售的。这使你成为一个强大而危险的对手，即使过程漫长，即使你不得不耐心等待他们的合同到期，不要放弃，坚持到底就是胜利。

第 10 周——

A：电话、语音留言、电子邮件

B：发送有关"为什么要改变"的帖子或文章

C：电话、语音留言、电子邮件

D：暂停的第2周

第11周——

A：暂停的第3周

B：电话、语音留言、电子邮件

C：发送有关"为什么要改变"的帖子或文章

D：电话、语音留言、电子邮件

第12周——

A：暂停

B：暂停的第3周

C：电话、语音留言、电子邮件

D：发送有关"为什么要改变"的帖子或文章

第13周：评估

在本季度的工作结束时，应该停下来，测量结果，然后做出调整。如果你已经和目标客户联系了8次而他没有叫你走开，那么你可以开始试着改变客户内部的利益相关者了。或者你发现你的目标客户并不是你的理想客户，那么你就应该把他从名单上剔除。

以上你所做的其实是培养目标客户，并且以专业的方式"追求"

他们，你会因此被视为兼具经验和想法的人。有一句古老的谚语，如果你想要树荫，最好的时机是在 100 年前种下一棵树，而第二个最好的时机就是现在。你越早开始这项工作，就越快获得注意力和机会。即使你的梦想客户不放弃你的竞争对手，但总有一天，当某个事件需要处理时，你会是客户首先想到要打电话联系的人。

取代竞争对手不是朝夕就能完成的，你必须有一个长期的计划来培养和发展与目标客户的关系。这个工作要持之以恒地做，不能三天打鱼、两天晒网，也不能漫无目的，必须精心规划。当然，引导变革的洞察力也是必不可少的。

行 动 起 来

1. 一个资源列表，你可以把它作为培养客户关系行动的一部分。

2. 草拟你的 13 周客户关系培养计划。

第四章 开始从客户心中挤走你的对手

本书的所有内容都是以取代你的竞争对手为目的的，在价值创造方面制造差异是取代战略的重要组成部分。意图取代竞争对手并为此制定策略，这其实正说明你对未来有着远大的规划。

你的想法开始对目标客户产生影响后，你要想办法邀请客户公司内部的联系人一起开会探索变化。本章将与前面章节一样实用，并具有战术性。这一章将教你培养目标用户、创造机会的具体方法。

列出梦想客户清单

想赢得梦想客户，你首先需要确定那些最有可能从你的洞察力和解决方案中获益的客户。你的目标是识别并赢得这些客户。

并不是所有的潜在客户都是一样的。有些潜在客户对你和你的公司更有价值，这些公司可能比其他公司更愿意花钱；有些潜在客户是知名企业，与他们合作会让其他公司更关注你。但是，这只是你的小算盘，虽然选择那些对你的业务有积极影响的客户很重要，但你仍需要站在他们的角度理解你们的关系，从而找到你真正的目标客户。

你和你的竞争对手也不是在平等竞争。在某些领域，你比你的竞争对手强，但在其他领域，可能他们创造价值的能力让他们稳坐你目标客户的合作伙伴的位置。让我用一个例子来解释这个问题。假设你所在的地区有一家大公司需要大量采购你所销售的产品。只要赢得他们的生意，你的收入就会猛增，让你一整年的销售额都不用愁。但是你的公司注重有吸引力的、有差异的价值，为了实现这种价值，你要比竞争对手收取更高的价格。（这个故事是不是开始听起来有点耳熟了？）然而，这个潜在客户在他的业务领域以低价制胜，因此他的策略是压榨他的供货商，为他所购入的每一件产品争取尽可能低的价格。你的非理性竞争对手用低价牢牢地锁住了这个客户，让你无法接近，而这对你的公司来说是无利可图的生意。如果客户不重视你卖的东西，不愿意支付更多的钱，他们就不是你的理想客户。

如果你在你的领域深耕，就会很清楚哪个竞争对手在为你的哪个目标客户服务。你挖得越深，获得的信息就越多。仅仅通过查看客户内部联系人的领英档案，就可以得到大量信息。如果他们公开他们的社交网络信息，你有时还能知道他们在和谁共事。如果你的竞争对手的销售人员目光短浅，过分自信，在网上晒出客户对他们的推荐语，这也就意味着一长串客户名单暴露在了你的眼前。

你可能也知道这样一些大公司，他们财大气粗，但是领导团队很糟糕，总是把有合作关系的公司看作"供货商"甚至"小贩"，而不是他们的合作伙伴。这样的公司很难与之打交道，你可以称他们为"魔鬼客户"。如果你还没有遇到过这样的客户，那么总有一天你会遇到。你要做的是尽可能避开他们，就算他们愿意一掷千金购买你的产品，你也不要蹚这滩浑水。否则，你会因为与他们的业务往来而生不如死，不只要忍受他们，还要收拾他们留下的烂摊子。与他们做生意就好像养了一头喷火龙，你时不时就会被严重烧伤，更糟糕的是，你还要帮他们清理笼子。

那么，你应该找什么样的客户呢？什么样的才是梦想客户呢？正确答案是，那些把你的产品纳入战略考量的公司，因为这意味着你的产品对他们来说很重要。他们可能已经在这种产品上花了不少钱，并且很可能已经或即将受到你识别的某些趋势的影响。他们会关心你的产品，而你认为值得分享的想法会引起他们的共鸣。更重要的是，他们会看到你所做的一切，并将你看作他们的战略合作伙伴，而不仅仅是一个供应商。如果你能创造更多的价值，你的理想客户会愿意开出更高的价格，他们会允许你获取与你所创造的价值相匹配的回报，而你则因此可以给他们所需要的结果。关键在于他们愿意出钱，而不会只想得到而吝于投资。

要创建一个梦想客户列表，你可以先想想哪些潜在客户在你的产品品类上花费很大。即使这不是你唯一需要考虑的因素，也是一个风向标。你会发现一些最大和最好的客户是那些你可能从来没有听说过的公司，你所销售的产品是他们企业战略的组成部分，而他们能出的钱和你苦苦追求的某些大公司一样多。

给潜在客户分级

不是每个你打电话联系的潜在客户都是你的梦想客户。你仍需要统筹规划，合理划分你的时间，也要给潜在客户分级，把你有限的时间和精力用在刀刃上。

从你的竞争对手那里挖走他们的客户这个目标为你提供了一个焦点，你需要为这个目标选取最佳的潜在客户。这样做，你就能把时间和精力倾注到一点上——淘汰你的竞争对手，赢得好客户。

将时间和精力用于取代你的竞争对手，意味着你与你的竞争对手以及大部分销售人员的策略天差地别。你不必大海捞针，而是集中攻克那些属于你竞争对手的客户，而这时你的竞争对手在做什么？他们在到处碰运气，看能不能找到不要求他们努力工作的潜在客户。这是主动追求目标和被动等待的区别。

这不是说你不需要去发掘其他潜在客户了。有一些潜在客户，虽然称不上理想客户，但仍当得起好客户的称号，你也要盯紧他们。所以，要对所有潜在客户进行分类，以确保你对各个潜在客户投入了比例恰当的精力。

上文我们已经用字母来指代你的潜在客户群，所以在这里我们需要使用其他代码，我会使用贵金属，你也可以选择其他你喜欢的词。

· 铂金客户：铂金客户是那些你梦寐以求的客户。他们是你最优秀的潜在客户，所以你要优先把精力放在他们身上。你可能有60个，也可能有240个这样的客户。你应根据你的行业、领域和目标确定你需要多少个铂金客户。你所销售的产品对他们来说是战略层面的，对他们的业务至关重要，而且他们会看到你提供的真正价值。

- 黄金客户：不是所有的客户都是理想客户，但有一些已经很接近理想客户的标准了。他们的购买量还是很可观的，因此他们也是非常好的潜在客户。在铂金客户身上努力过后，接下来你应该花时间在黄金客户身上，他们有可能成长为你的理想客户。

- 白银客户：这些潜在客户可能不会在你的产品上花太多钱，而且他们也不会将你的产品用作战略性用途，但赢得他们的业务是实现你的目标的重要一环。在你努力争取铂金和黄金客户后，也不要忽视白银客户。

- 青铜客户：这是一些小用户，会买一些你的产品。由于你的产品对他们的业务来说不太重要，因此他们不会花太多时间和预算，他们会比较倾向于把你也视为商品来对待，你也没有必要费力为他们创造高层次的价值。

你可能需要几十个青铜客户才能抵得上单个铂金客户的价值，而且获得几十个青铜客户的难度也很高，因为通过小额交易获得收益的销售人员必须处理更多烦琐的小问题和小需求。

要给潜在客户划分等级的一个重大理由是你的时间和精力是有限的。花同样多的时间，你可以赢得一个青铜客户，也可以为更高级别的客户服务。所以，为什么不把你的时间和精力花在投资回报最大的事情上呢？

我在本书第一节中阐述的策略和技巧就是为了确保你首先把时间花在最重要的客户身上。如果你每天花在开发新客户上的时间只有 90 分钟，那么根据你所列出的潜在客户分类名单，就很容易安排你的活动。你应该坚持不懈地追求你的理想客户，向他们展示你的专业性，让他们看到你能创造的价值以及伴随合作而来的战略性成果，那么你取代竞争对手和客户一起吃午餐就只是时间问题了。

如何研究你的潜在客户

开发新客户的时候，必须把研究客户与实际开发客户、培养客户关系分开。你需要一个可行的研究计划来作为一切行动的起点。

要制定一个有效的新客户开发计划，你必须研究梦想客户公司内部的联系人。记住，调研是必须的，但它不是开发新客户这件事本身。研究客户是为了顺利开发新客户。做好这一步，为的是让你不在开发新客户的途中停下来去做调查。

一些销售人员做客户调研做过了头，以为必须了解客户公司和内部联系人的一切情况，才能打电话安排会议。当然，知道你姐夫和客户公司的联系人上过同一所大学也许是件好事，但是当你在争取这个新客户的时候，它并不能创造任何真正的价值。你不会说，"我看到您曾就读于维滕贝格学院，我的姐夫也是那里毕业的，我们应该见个面"。

另一些销售人员则恰恰相反,他们很少做调研,甚至懒得浏览客户公司的网站和他们想见的人的简介。在这么多的信息可以自由利用的时代,这是多大的疏忽啊。当人们把他们的个人资料发布到网上时,意思就是他们希望别人知道这些内容。所以如果你不去看客户公司网站和你想与之合作的人的简介,那简直叫人无法理解。如果你做了调研工作,就可能发现你现有的一个客户是你目标客户曾经的雇员,那你就可以请他给你引荐一下或跟你聊聊你想认识的人了。

那么调研到什么程度才刚好呢?可行的、最小量的调研就可以了。也就是说,你调研到的信息只要能让你有效地开发和培养你的梦想客户就足够了,这些信息是你必须掌握的。

首先,你需要知道你的潜在客户公司是做什么的。当有人问你:"你以前跟我们的同类公司共事过吗?"如果你的反应是:"你的公司是做什么的?"那就太失礼了。去客户的公司网站读一读"关于我们"那一页,把内容下载下来。然后,你需要一个客户公司的内部联系人名单。我认为你可以从列出你常常打交道的那些人的头衔开始,但是有一个角色通常比其他角色更重要,我为这个角色虚构了一个头衔——问题 CEO。

我知道,理论上你应该去高管的办公室,然后自上而下去了解整个组织。但在大多数情况下,首席执行官根本不在乎你卖的是什么。此外,客户有智囊团帮助他们做出正确的决定,其中包括选择好的战略合作伙伴。这个问题CEO应该不仅是一个有权威的人,而且还很关心你所卖的东西和你能提供的结果。他可能是个营销主管,也可能是销售副总裁、IT总监或者是维修部主管。无论他是谁,重要的是他关心你所做的事情,并有发起变革的权力。你需要找到这个人。

除了这个问题CEO以外,你也要适当关注目标客户公司的其他人。因为你在重塑客户的思维,争取客户的注意力份额,所以理应在客户公司抓住尽可能多的人心。同时与多人对话,向他们解释你会如何帮助他们做得更好,这听起来似乎挺冒险的。如果你给每个你拿到电话号码的人都拨了电话,可能会导致他们集体抵制你。而且,你可能会吸引太多的注意力,以至于你的竞争对手都注意到了你。比较理想的是一个接一个地与利益相关者接洽,只有在以下两种情况下你才转向新的利益相关者:一是你与上一个利益相关者建立起了牢固的沟通关系,二是你的会面要求被这个利益相关者拒绝了。

你要接触的是那些使用你产品的人,也就是终端用户。你也要接触关键领域以外部门的人。你的项目可能是由IT部主导的,但如果数据营销部门也可以使用你的产品,你就需要去接近该部门的人。

如果有人会因你做的事受到积极的影响，那么他们就是潜在的联系人。当你打入梦想客户的公司内部后，你需要快速垂直移动（从高层到低层）和横向移动（其他部门），找到所有利益相关者。

当你确定了目标公司中的联系人以后，你需要他们的联系方式，这可能是你要做的所有调查中最困难的部分，你可能需要通过付费服务来获取一些联系信息。

这是可行的最小量调研，你只要做足量就可以了，不需要过多。一次性完成这个调查工作，把信息储存在方便查询的地方，然后保持每年更新两次（或在必要时增加调研）。

制定联系人计划

你的联系人计划必须包含多个利益相关者，水平和垂直层面的联系人都要有。

在本章前面的小节中，我说你需要找到一个问题CEO，这个人具有高级别的权威，同时非常关心你所销售的产品以及你能为他们的组织带来的变化。我还说，你需要在垂直方向考虑其他利益相关者，即在目标客户公司的某个部门或领域中占据不同职位的人。你还需要在横向上考虑，也就是其他部门的人员，确保他们从现有的供应商转向你这个新的战略合作伙伴后能获得好处。

说到开发新客户，我的观点可能有悖常识，因此我需要解释一下销售领域发生了何种变化，以至于我们需要全新的方法。几十年来，你一直被教导、被训练去接近公司高层。这样做的目的是让有拍板权力的人直接决定购买你的产品。一旦获得他们的支持，你就可以在他们的组织中从上往下走，一路创造机会。这曾经是不错的策略，但如今，获得高层的支持固然有用，但还远远不够。

现在，权力在组织中是分散的，决策往往要通过协商达成。你给高层主管打电话推销你的产品，他不会表示出兴趣，直到他的下属表现出兴趣。因为高层主管一般不想强迫他的团队改变或更换供应商，这样往往会导致阻力的产生。虽然你仍然需要高层的支持，但是除非该组织的员工认可你的产品，否则高层不会给你支持。

现在你需要的是能够打进目标公司内部的方法。如果有人给你开门，给你带路，那么要完整绘制出这家公司的经纬图并不难。或者，有人愿意给你开个窗，帮你偷偷"溜进去"。和一个没有真正权力的人打交道可能不是一个理想的开端，但通过这样一个人打入目标公司内部，你就可以部署其他行动了。

你的联系人计划的第一步应该是猜一下谁是目标公司的问题CEO，你可以通过他们的头衔或角色来找出这个人，稍后会对此进行更多的讨论。找到以后，你要做的是重塑这个人的思想，因为他对之后的变革至关重要。但是，如果你在与这个人交流的过程中跌跌撞撞，非常不顺利，那你就需要发展其他联系人了。

这里没有正确或错误的答案，有的只是选择。如果你找不到问题 CEO，那你就到低一级的员工里去找。往上走之前先往下发展是个硬逻辑。那些最需要提高绩效、最能从你的产品中受益的人，往往位于公司比较低的层级。你跟他们分享一些你的产品，并把他们发展成你的人脉，这样一来你就增加了与高层会面的机会。也就是说，你在这个过程中证明了你的内容和方法具有很强的战略性，因此即便没有得到问题 CEO 的支持，你也可以越过他，去接触更高层的领导者。如果你已经从组织中的低层人员那里获取了信息，那么你和高层进行的对话就会变得更加现实、有趣。当你知道他们在哪里遭遇了挑战，你就可以直接命中要害。

你还需要其他选择，因为没有什么能保证成功的灵丹妙药。你需要一整个清单的联系人，上面列出你的目标客户业务领域内的主要联系人，那些最关心你产品的人。你需要的是终端用户和领导层的联系人，他们是你潜在的支持者。你还需要其他部门那些会受到变革决策影响的联系人。当然，如果那些与你直接接触的客户方代表能和你站在一起，你的首要任务就是和他们保持紧密的联系。

限制时间

你需要合理分配时间和一个完善的计划来开发足够多的联系人，以创造足够多的机会。

要评估一个人真正的目标，看看他如何分配时间就行了。你做出的行动选择，反映了你心中的渴望。如果你一直在贯彻某种行动，那就更明确地表明了你的目标。如果你真的想把一个客户从竞争对手手中夺走，那么所有关注你工作的人都能看到。

本书的前面部分教你创造优于竞争对手的竞争力，发展洞察力，让你可以捕获客户的注意力，并将这些想法和洞察力变成一个实际的计划，以培养完美客户以及你与他们之间的关系，然后慢慢取代你的竞争对手，最终坐到客户的午餐桌上。而要让这些策略和技巧奏效，你必须分配好时间。

生产力的唯一秘诀是花时间做最重要的事情，直到完成。生产力不等于你的工作时长或你完成了多少待办清单上的事务，它是由你做到了多少最重要的事情来衡量的，而这需要你合理地分配时间。

在第三章中，我概述了60个目标客户工作法。把这些目标客户分成4个小组（每个星期1个小组），每周给15个潜在客户打电话。如果你在每次通话之后都发一封邮件跟进，提供一些见解，那么算下来，你每天需要打3个电话、发3封邮件，那要花你20分钟的时间。

每天分配90分钟来追求你竞争对手最好的客户，让他们成为你的人，这项行动是具有革命性的。你想从你的竞争对手那里赢得客户，就必须投入大量时间和精力，就需要付出比竞争对手更多的努力。你想赢得越大，就要付出越多的努力。只要你分配了足够的时间和精力，所有的障碍最终都会被清除。

让客户承诺付出时间进行探索

创造机会取代竞争对手的过程，只有当客户承诺付出时间以后才真正开始。你所花费的时间、精力和资源都是为了吸引潜在客户的注意力，帮他们理解做出改变的必要性，并且证明你是一个有想法、有能力帮助他们走向更美好未来的人，这些是让你获得客户承诺的关键。

当客户同意与你会面探索变革时，你便迈出了通向成功的第一步。如果这一步顺利，那么取代竞争对手的旅程也就正式开启了。

行动起来

1. 列出你的铂金客户名单。如果你对数量不太确定，可以从 60 个客户里面挑选。

2. 研究这些客户，确保每家客户公司有 3 个相熟的联系人，然后本着专业的态度与这些联系人沟通，以开始取代竞争对手的过程。

3. 在你的日程表上划出 3 个 90 分钟的区块，专门用于挖掘竞争对手的客户。

第 2 部分

建立共识

第五章 | 帮助你的目标客户认识自己

在过去，销售人员会询问目标客户他们目前不满意的地方，或者他们难以达到预期目标之处。谈论这些导致目标客户问题的原因，即"痛点"，你可以创造出赢得生意的机会。这个方法本质上没有问题，而且也帮助销售人员成功营销了几十年。

但是，随着商业经济不断被全球化（越来越激烈的竞争）、去中介化（技术取代了交易中的中间人）和商品化（低进入壁垒、竞争者过剩、差异化缩小），这种询问目标客户痛点的方式已经失去了它的魔力。尤其是除了你以外，还有别人也在向他们销售同类产品。现在，客户都不太愿意回答那些在他们伤口上撒盐的问题，他们已经学会和问题共处。维持现状看似比做出改变安全一些，但这其实是最错误、最危险的应对措施。

世界已经截然不同了。当然，在几乎所有方面，现在的世界都更好了，但困难也更多了。这在商业世界中尤为明显，整个行业似乎一夜之间就发生了翻天覆地的变化。在撰写本文时，网飞已经通过将视频直接传输到用户设备上而彻底消灭了 Blockbuster，而传统电视广播公司也在面临同样的命运。优步正在取代出租车。脸谱网改变了"出版"的定义，也改变了人们度过闲暇时光的方式。就在我写这本书的时候，作为我整个成年时期美国商业宠儿的通用电气公司，正在苦苦思索其在市场中的地位，这是我以前从未想象过的局面。这样的例子无穷无尽。

这一切意味着询问客户的需求这一方法已不再奏效。你试图从竞争对手那里挖走的客户很有可能并不知道他们要改进什么，也不知道他们需要做出什么样的选择，更没有变革的经验。即使客户公司内的一些员工意识到了挑战，并对他们需要做什么有自己的看法，他们也只能透过有限的经验来看待这些挑战。当你在许多公司销售和执行你的解决方案时，你会发现他们的经验通常非常局限。但是你需要解决整个组织的问题，而不仅仅是让一小撮利益相关者满意。业务的难度增加了，挑战更大、也更系统化了。要发现目标客户的问题，你需要一个框架，以确保能在变化的商业生态系统中更全面地看待客户和他们的位置。

如果你想做出真正的改变，包括取代你的竞争对手，你必须对需要改变之处有更多的了解，对需要做出改变的人有更清晰的认识。只有这样，你才能看到竞争对手看不到的东西，同时帮助客户认识自己。让我们看看在价值创造时代，你应该如何"发现"。

一个更清晰的观察客户的镜头

咨询式销售需要发现更高层次、更核心的东西。只发现表层的痛点不足以迫使变革发生，也不足以帮助客户进行必要的改变以产生更好的结果。这就是为什么我们在前面章节中指出你需要一些证据来证明改变的必要性。这一章将介绍一种全新的发现形式，这种方法的理论基础是肯·韦伯（Ken Wilber）提出的一体论（integral theory）。

一体论的前提是我们世界里的一切都是由子整体（holon）构成的，或者说是由组成整体的各个部分构成的。韦伯认为所有的子整体都有内部和外部，它们既是独立个体，又是集体的一部分。其结果是，每个事物都有作为个体的内核和外在，也呈现来自集体的内核和外在。当你试图为一个庞大而复杂的组织绘制全面的视图时，这个框架是非常有用的。你可能听说过零售鞋商扎珀斯（Zappos）

成交：如何高效转化潜在客户

```
                        子整体
                         个体

            意图                    行为

            价值观                   关键业绩指标
            地位                    测量标准
            等级                    活动
            类型                    行为
            动机
            偏好

外在                                                    集体

            文化                    系统

            共同的价值观               组织
            目的                    结构
            世界观                   系统
            优先事项                  项目
            意图                    策略
                                  营销

                         内核
```

的组织结构中没有"经理"这一职位，这种理念被称为"合弄制"①（holarchy），其源于一体论。

子整体作为一个独立个体，有其内核和外在；同时又是整体的一部分，也有内核和外在，因此构成了四象限。现在，我们就以"你"为例，看看这个四象限到底是什么。

个体的内核：你的个体内核由你的思想、想法、价值观、感受和心理构成。这些都是你的主观观点，还包括你的价值观、目标、动机以及外界事物对于你的意义。

个体的外在：你的个体外在包括身体和大脑。你做的事情我们可以看到，这些都是客观事实，具有与物理学定律相关的度量和统计学意义，行为科学测量的就是这些。

集体的内核：你也有一个集体的内核，我们可以称之为文化。你属于很多团体，比如国家、企业，在那里你与他人共享价值观。你所拥有的大部分价值观都是通过集体的内核得来的，我们都是集体的一部分。

集体的外在：最后，你有一个集体的外在。你生活在一个共享的社会体系、环境和经济之中。

---

① 合弄制（holarchy，也译为"全体共治"）是由角色来承担工作的管理系统。一项工作被看作一个角色，同一个人可以选择承担不同角色，和其他人配合完成工作，按照角色分配权力。合弄制被认为是一种无领导的管理方式，它将公司组织架构去中心化，将由人定义工作角色转变为围绕工作来定义，并且经常更新。合弄，即"子整体"，既是独立自主的个体，又是相互协作的整体。

我以你为例，因为这样最容易理解。我将理论大大简化了，使之变得实用和具有战术意义。现在，让我们用这个镜头观察你的目标客户，然后我们讨论如何更完整地审视变革。

你能看见什么？

你的目标客户很难做出改变是有原因的。四象限为我们提供了更清晰的视角，让我们看到需要改变什么以及如何帮助客户做出这些改变。我们来看一个假想的例子。

个体的内核：一位领导刚刚接管了一个公司，他认为最重要的是确保员工的安全。所以当他要做某个决定时，他会过度考虑安全因素，而不管生产速度会因此减慢或者员工需要做出改变以适应他的指令。因为他的上一份工作是在一个工业制造工厂，他因改善了安全问题，提高了工人的生活质量，增加了利润，从而得到了晋升。

为了获取这些信息，我们必须通过问他问题以了解他的个体内核。人类就是这样了解彼此的。

个体的外在：这个领导开始制定和实施新的安全规则，但却屡屡受阻。当某些规则未被执行时，他只好添加额外的规则来试图达到他所想要的结果，但得到的只是更多无声的抵制，员工们希望他自动放弃。

要发现这些信息，我们必须搞清楚这个人在做什么。他的信念如何投射在他的现实世界里？信念导致行动，行动导致结果，结果有好有坏。你可以客观地观察和测量。反过来，结果往往也会导致某种信念的产生。

集体的内核：新领导的价值观与组织其他部门存在冲突。在此之前，快速占领市场是该组织的核心价值观。该组织反对新领导把重点放在安全上，指出他们一直有良好的安全记录。团队抵抗他的努力，拖拖拉拉，想让他知难而退。

获得这些信息需要问很多问题，观察多个联系人，收集他们的言论，揭开整个群体的价值观和信念。

集体的外在：新领导就职的公司是零售时尚领域。这个领域的赢家都是把注意力集中在占领市场的速度上，以获得竞争优势。放慢产品投入的过程意味着输给其他更快、更敏捷的竞争者。此外，领导团队的薪酬是结果导向的，所以速度与个人收入是直接挂钩的。

集体的外在是由公司用来产生结果的系统和流程构成的。

你可以通过调研你的客户及其行业、从与公司内部联系人的对话中获得以上信息。

在这个虚拟的案例中，如果你去拜访那位领导，你会发现他对现状十分不满，急于改变，正打算购买一些产品或与人合作以推行他的安全措施。只要诱出他的个体内核（他的痛点），就足以让你有机会提出与安全相关的解决方案。而诱出他的个体外在，知道他在做什么，会让他更有可能成为你的客户。他一直兢兢业业，结果却不尽如人意，他需要帮助。

然而，你可能忽略了集体的内核和外在。如果是这样，你可能就看不到变革的真正挑战——领导与员工在价值观上存在分歧。他想成为变革的发起人，他想有所作为，但是组织的其他成员有着不同的、根深蒂固的信仰体系。正确的解决方案应该是在提高生产速度的同时，改善已经非常优秀的安全体系，或者至少不减缓生产速度。如果你从第四个价值层级来看问题，就会发现这是必要的解决方案。第四层级要求你从战略层面考虑"必须改变什么"以及"为什么要改变"。一个眼界狭隘的销售人员，一个只盯着目标公司领导层的销售人员，将很难理解如何促成改变，而且会发现与客户建立共识难于登天。

为什么这种方法对取代竞争对手如此有用？如果你能见别人所不能见，你就会发现他们错失的机会。你的竞争对手只看到不可逾越的障碍，而你却能看到解决方案。"发现"的目的是探索变革和建立共识，对"发现"更完整的认识为我们提供了更好、更深的理解。同时，你也能帮助客户更好地发现自己。

探索四象限

让我们来看看四象限，以探寻如何利用你所学的知识创造机会来取代你的竞争对手，赢得你梦寐以求的客户。

我们销售人员最擅长的事情之一就是发现客户想要什么、需要什么、喜欢什么。作为专业人士，我们的主要技能之一就是参与谈话，挖掘隐秘的信息，尤其是个体的内核。当我们与我们的潜在客户进行早期会议时，我们能从客户口中得到的大多数是主观信息。我们可以知道坐在我们对面的人相信什么、要什么以及背后的原因。我们想知道客户的个人动机和商业动机，我们希望了解如何与这些主观信念和喜好保持一致，因此我们需要获得客户的注意力，让他们乐意与我们合作。

如果你已经做了一段时间的销售，那么其实你一直在探索四象限，只是你自己不知道而已。在这一节中，你将学习去看你以前熟视无睹的东西，并了解如何更好地使用你的所学所知。下面的内容包括了你从目标客户内部的联系人身上发掘出的信息，这些信息能帮你更好地了解这些联系人。

个体的内核

价值观与伦理观

面对你想深入了解的人，你是如何与之交往的？了解他们的价值体系是一个不错的起点。有很多方法可以被用来审视一个人的价值观和信仰。我发现韦伯的方法是最完整的，因为它是几十个其他方法的组合。在这里，我们将看到四种类型的个体内核，这些都与我们要达到的目标相关。我们所有人在不同的时间、不同的情况下都可能占据下面任一或全部类型，但是你会发现每个人都只会倾向于一个特定的象限。

·**红色型**：这种类型的价值观侧重于自我赋权、寻找机会、自我提升、设立界限以及发展概念性思维。但这个类型并不只有积极的一面，它也意味着专注于获得个人利益，还会利用权力来促进自身利益的实现。

偏红色型的人意志坚定有力，但是很难与他们合作，尤其是当他们得不到他们想要的东西的时候。当我们处于压力之下时，我们中的许多人会进入这个状态。当你向一个红色型的人阐述你的想法时，你要让他以为他已经意识到了这个想法，并且这个想法对他们十分有益。若一旦与他们发生冲突，你得特别小心，挑战他们的观点会使他们离开你，甚至跟你对着干。

·**琥珀型**：琥珀型个体能够将自己代入他人的角色，这是共情的基础。这个类型的人与团队有认同感，愿意为了他人或集体而放弃自己想要的东西。

如果你想要取代竞争对手，让琥珀型的客户对你产生偏好，可能有点儿难，因为他们相信只有一条正确的道路。当你能够满足他们的需求时，很容易让他们对你产生偏爱。但之后，你会发现他们很死板，无法接受新想法，这会是新的挑战。你的竞争对手可能也因此十分苦恼。这个类型的人认为非黑即白，看不到灰色地带。与他们打交道，你有两种方法：一是建立高于他们水准的范式，让他们相信这种新范式是正确的；二是让他们相信你的竞争对手是"错的"，你才是"正确"的。

• **橙色型**：橙色型个体勇往直前、意志坚定。这类人按照自己的兴趣行事，努力提升自己，让自己成长，总是在寻找让结果最优化的方法，他们通常都很乐观。他们可以从第三方的角度客观地看待自己的能力，这一类型的人十分理性、科学，他们是寻找竞争优势的战略家。在销售和商业的世界中，你很容易碰到这一类型的人，许多企业家都属于橙色型个体。

这个层次的人往往是以成长为导向的，他们经常接受新的想法，这将有助于他们提升自己。他们在追求这些目标时很努力，你要习惯与这个层次的人打交道，他们总是在寻找合乎逻辑的想法和解决方案。他们是由结果驱动的，喜欢看到我们拿出客观证据，证明我们的方案最有效。

• **绿色型**：绿色型的人比较敏感，注重平等。他们关心他人，有社群意识。这个类型的人更关注共识、和谐和人类发展。

分享这个价值体系的人越多，你越能看到共识是取代竞争对手的关键。拥有这种价值体系的人会想把更多的人拉入谈话中来。在不容易达成共识的情况下，他们倾向于维持现状。面对这个类型的人，你需要优先考虑共识、包容、价值和贡献。他们关心他们做出的决定对他们服务的社区和环境的影响，你可以通过协助他们做出贡献来赢得他们的心。

类型在很大程度上决定了人们观察世界的角度。如果你已经在销售行业摸爬滚打多年，那么你无疑已经遇到过各种类型的人。

让我们来看看实际情况如何。

那些进取心十足、以成长为导向的联系人很可能是橙色型的。当他得不到他想要的东西时，他会诉诸红色型，使用武力和权力迫使人们做他想做的事，而不是利用道德和影响力来产生结果。如果你能在不使用他们这种糟糕策略的基础上帮助他们的话，那你可以放手去干。

有进取心的橙色型人经常与他的绿色型对手发生争执，后者总是希望确保每个人都有发言权，每个人的言论都被倾听，并在向前推进之前达成共识。这种类型的人担心有人被排挤，而且总能关注每个人对问题的看法。你可以通过引入其他利益相关者来安抚这个类型的人，并且帮助他们理解"共识不等于所有人都一致同意"。

琥珀型的利益相关者可能是个经理，负责执行你的解决方案，却不想改变，因为他们觉得已经有相关规则了。他关心的是保持稳定，而且认为只需要一种产生结果的正确方式。他的观点是，"我们已经这样做很久了，不可能是错的"。当你在建立系统和流程的时候，你需要帮助这个类型的人适应改变，并给他们提供他们所需要的架构。

这张"地图"无法告诉你地形，但是它有助于帮你了解你在跟谁打交道、他们需要什么以及如何帮助他们得到他们想要的东西。而且，你的竞争对手不知道客户的信念和行为，有了这些额外信息，你现在比他们看得清楚得多。

发展路线

霍华德·加德纳（Howard Gardner）在《思维框架》（*Frames of Mind*）一书中认为人类拥有多种智能，我们在这里最关心的是认知智能、情绪智能和道德智能。

· **认知智能**：拥有高认知水平（高智商）的人很聪明，你经常会发现这些人担任着领导者的角色。这些人对事物如何运作有比一般人更深的理解，他们有求知欲，总是在寻求更多的信息和更多的视角。

你也会接触到一些认知水平不那么高的人，但他们有很多经验和情景知识，这些认知也能给他们加分不少。他们中的一些人野心勃勃，有干劲，有办大企业的能力，他们会挑选合适的人在他们身边以补足他们自身的缺陷。

·情绪智能： 情绪智能（情商）是由两个基本部分组成的。第一部分是人际智能，或者说理解他人的情绪、动机、意图和愿望的能力。如果你在销售行业打拼，这是你必需的能力，而且你需要能够从他人身上识别出这种智能。第二部分是内向智能，即理解自己的情绪、感觉、动机和恐惧的能力。

有人认为情绪智能根本不是智能，而是一种技能。也有人认为，对情绪智能的测量与管理人员的表现并不相关。我们不需要搞清楚它是否是一种智能，我们要做的是以此为工具了解在销售期间坐在我们对面的人，以便确定我们如何能够在变革的过程中更好地为他们服务。

情商高的人总体上比较容易接受别人的观点。他们可以把自己放在别人的位置上，认识到别人对某件事的感受、他们的需求以及反应。而较低情商的人则很难接受另一个人的观点。

这里需要注意的是：我们使用这些类别是为了创建"地图"，以帮助你了解现任客户和潜在客户，而不是让你胡乱评判别人。各人有各人的长处，情商高或低并不代表好或坏，下面我们就将阐释这一点。

·道德智能： 道德智能是理解对与错的能力。当人们惹上麻烦时，往往是因为他们做出了不道德的或非法的决定。道德底线低的人很危险。曾经有一个潜在客户告诉我，如果要与他们合作，我就得把钱直接付给他们，而且要给他们回扣。由于道德观念相悖，我们的生意黄了。如果一个人从自己的公司偷窃，他们就不可能成为好的长期合作伙伴。这一条呈现出的问题类型是最容易避免的，那些可能会把你卷入违法或不道德事情的人，你远远地躲开就好了。

如果一个人有非常高的智商和非常低的情商，那么他很聪明，但是不太会与人共事。而具有相反属性的人可能很容易与他人一起工作，但是在理解复杂概念和想法的时候需要一点帮助。你需要花更多的时间和他们交流，或者调整你的方法来更好地为他们服务。

个体的外在：行为观察

这一水平的探索能加深我们对个人实际行为的理解。行为是个体内核的物理表现，而且是可见和可测量的。

你需要观察他们采取的行动、所产生的结果（或者无法产生结果）以及其他任何可见的证据。如果你像我们一样已经做"发现"工作做了几十年，那我可以肯定地说你应该很擅长探索个体的外在。

如果你是销售老手，那你一定清楚你要寻找什么信息。客户告诉你他们需要改进一些指标，比如收入、成本、利润、吞吐量、市场份额、进入市场的速度、来自合作伙伴的回应、更好的沟通或者任何可能改进的结果。

如果你想要掌握足够多的理由以发起变革，并且从竞争对手手中赢走客户，那么你需要有理解个体内核和外在的能力，这种能力将会让你对如何更好地发起变革有更深入的了解。你需要理解目标客户的主观信念、价值观、欲望和需求，知道他们正在做什么以及会产生的结果。

我有一个朋友，他为他的销售团队感到异常苦恼。他认为他的团队成员不善于展示产品和进行商业谈判，这是他的主观信念。客观事实是，他的销售团队只会对客户提出的要求做出反应，而不是自己创造机会。他们认为发掘用户是错的，守株待兔才对。团队的信念和行为是问题的根源，而这与我朋友的信念（个体内核）完全相背。即使他训练团队进行产品展示和谈判，也不会提高他们的表现。

集体的内核：共同的信念和文化

许多变革努力失败的原因之一是销售人员和销售公司没有做必要的工作来理解目标客户的团体文化和世界观。而这在创建变革理由、建立共识的时候是非常重要的。

·**集体世界观**：如果我们在销售中感觉很煎熬，那一定是在理解公司的集体价值观的时候出了问题。要找到目标客户公司真正的集体价值观很难，尤其是当你仅接触了个别利益相关者时。如果你试图去他们张贴在公司大堂的愿景声明中找集体价值观，也不太可能找到，我们可以再去借鉴一下肯·韦伯的理论。

• **集体价值观**：集体内核也包含集体的世界观，这种世界观由组织的集体经验以及对事件及其意义的主流阐释建构而成。这张集体"地图"可能暗示，"我们的客户需要我们，我们在这里为他们服务"或"我们的客户都怀着不切实际的期望，很难对付"。信念不仅会对结果产生很大的影响，对做出改变的能力影响更大。

• **故事和身份**：集体内核也由组织的共同故事和组织的身份构成。关于苹果最受欢迎的故事之一是史蒂夫·乔布斯发表的那则声明："活着就是为了改变世界，难道还有其他原因吗？"[1] 这则声明强化了苹果公司的身份，塑造了集体的内核、价值观和世界观。

当你帮助一家公司和它的员工改变时，你既是在和个体共事，也是在和集体一起工作，即便你以前并不知道"集体内核"这个概念。我想你应该有过由于客户公司的集体文化拒绝改变而导致变革失败的经历。

集体的外在：发现定位及策略、机会与威胁

集体的外在是由诸如公司的组织结构、流程以及其他系统组成的。对于我们来说，集体的外在最有趣的部分是其与市场、经济和

---

[1] 原文为：We're here to put a dent in the Universe. Otherwise, why else even be here?

竞争相关的部分，比如公司的策略。

　　当我们观察个体内核和外在时，都是为了更好地理解个体。而集体内核是有关文化的，它可以帮助你确定什么可以被改变、你需要做什么来促成改变以及如何取代你的竞争对手。现在我们来看看潜在客户正在做的事情和由此会产生的结果，以确定他们为何会如此苦恼以及我们能够对此做些什么。

　　这听起来很复杂，其实不然。我们已经在本书前面的章节做了一些准备工作，现在可以把理论付诸行动了。还记得我们谈到"婴儿潮"一代退休的现实吗？在这种情况下，公司的集体外在就是公司用来吸引和留住人才的系统。人才获取系统可能正是导致客户公司屡屡受挫的原因，因为这个系统不能吸引他们所需要的人才。

　　再来看另一个例子。一个销售组织正苦于无法交付成果。他们的销售流程是在20世纪80年代发展起来的，那时有强交易能力就是有竞争力。在这里，这个销售流程就是该组织的集体外在，是推动个体行为的手，这个集体外在与想要创造更大价值的市场发生了冲撞。也许这个组织的领导认为交易是唯一要做的事，努力交易是他功成名就的原因。因此集体文化可能建立在这样的信念之上，即"客户需要被大力推动"。这是一个挑战，但是你可以看到它与四个象限都有关系。

　　企业的每一个部分都是一个系统，从市场营销到人力资源，接着到财务和会计，再到运营。这种对客户和他们公司的更深入、更全面的视图会让你有真正的发现，并且能极大地提高你促成变革的能力。此外，它是对目标客户需要做什么来产生更好结果的更深层次的洞察，它告诉你具体需要改变什么以及如何在目标客户内部实现这种改变。这一认识是取代竞争对手的关键。

使用四象限战术

让我们来看一个略微经过重构的真实案例，是一个有关新领导者在公司内发起变革的故事。

这个人是谁？

这是一个真实的利益相关者，我们的任务是了解他，并用我们所知道的帮助他发现他自己和他的公司。假设这个领导人有橙色型价值观，他在看问题时十分理性，可能会寻找证据来证明你说的是真的。他相信命运掌握在自己手中，相信可以实现自己的目标。一个有着这样价值观的人会寻求竞争优势，或者被此类想法所吸引。然而，他最大的特点是对地位的渴望。他所有的高级学位证书都挂在墙上，桌上有一张他妻子和他那辆昂贵的红色敞篷车的合影。

你要保护他的自尊，跟他侃侃而谈他不知道的想法会被他视作一种攻击，他会奋起捍卫他的自尊。这样开始会比较得体："我想跟您聊一聊您可能正在关注的一些事情，我有一些想法，也希望能听听您的意见和观点。"

他在做什么？

我们已经知道一些这个利益相关者的个人外在：他是被首席执行官雇来救活一个部门的。他在上任后的30天内就解雇了2名经理，然后花了60天学习业务。你是怎么知道这些信息的？是他主动告诉你的，公司里的其他人也是这么说的。你也听说他已经为整个部门制定了一个计划，但只与领导团队沟通过，普通员工都很担心大变革即将来临，因此整个部门都弥漫着惶惶不安的气氛。

从事物的本质出发可以更好地理解现象，反之亦可行，了解你与之打交道的人有助于你理解他们为什么要做他们正在做的事情。让我们接着看另外两个象限来确保你知道如何使用这个框架。

集体由谁构成？

这个领导者在一个曾经积极乐观的团队文化中工作。这个团队有一点橙色色彩，但更倾向于绿色。团队中每个人都互相尊重，努力做出对组织有益的决定。但后来公司陷入困境，一些领导人离开了，企业文化开始恶化，变得越来越红，每个人都在争名夺利，试图挽救自己，甚至以牺牲他人为代价。权力变成了人人争抢的目标。

你能用这些信息做什么？怎么用？如果你是顾问型的销售人员，你会向领导谏言："我担心这里的员工会害怕您要倡导的变革。我们怎样才能让他们知道我们在做什么，并让他们参与进来呢？"你也可以这样说："在我们见证过的一些转型中，我们发现有时需要建立一个团队来传达信息并领导员工，帮助他们理解为什么这些改变是必要的以及我们将如何确保变革的成功。您会考虑这样做吗？"

他们在做什么？

这个部门出现问题的根源在于他们用了几十年的技术已经不再让他们具有竞争力。它太慢了，而且工作质量已经远远落后于市场需求，它正在与数字时代的同类设备竞争。此外，这个行业已经商品化，他们失去了以积极的方式形成差异化优势的能力。他们确实与别的公司不同，但不是在好的方面。

你销售的设备能使这家公司现代化，让它重生。对新设备的投资非常重要，你卖给他们新设备就是在帮助他们。但他们现有的员工必须接受再培训，他们的销售和市场营销必须改变，这才有可能利用新设备的优势获得客户订单。

在一级价值层面销售的人员在这种情况下会认为他们应该把设备卖给这个领导。这些销售人员不会把注意力放在变革的战略结果上，他们相信他们的职责只是出售设备，而不管设备是否能产出良好的结果。相比之下，在四级价值层面销售的人员则会认为他们不仅要卖掉设备，还要培训客户公司的员工，并且提供咨询服务，帮助客户公司学习如何在购买设备后达到有效的销售。这些销售人员知道他们正在一个复杂组织内部推进变革，他们会从整体上看待这个问题，而在一级价值层面销售的人看不到这些。

我们可以对客户这样说："设备本身并不能让您得到您想要的一切。我们将重新培训和整顿您的团队，我们必须与市场营销部门合作，帮助他们改良他们的做法，这样收益才有可能增加。这是一个快速恢复元气、重新将公司定位于市场顶部的计划。"

明白了吗？现在你可以开始创造取代竞争对手的机会了。

行动起来

1. 列出现有客户公司中你很了解的 3 个联系人。

2. 写下你对他们的价值观和喜好的判断，然后写下他们基于价值观和信念的所作所为。

3. 描述他们公司的文化以及表明其文化的迹象，然后写下它们的隐患。

第六章 | 创造机会

如果你的梦想客户发现以前还不错的一些工作流程现在不管用了，那你的机会就来了。上一章教你用一种新的方式来更深入、更全面地看待客户的业务、挑战和机遇。你发现的东西不仅其他推销人员不知道，客户自己大都也熟视无睹。有了这个信息优势，你就可以从一众销售人员中脱颖而出。当你比他人有更深的理解，你的身份就变成了那个能看到变化趋势并且知道该如何应对的"先知"。

构建"美好未来"的愿景

如果没有充分的理由，没有人想要改变。甚至在有充分理由的时候，一些人还是会拒绝改变，直到被外部力量逼得无路可退。当你帮助客户构建出一个"美好未来"的愿景，向他们展示各种可能性，帮他们看清走向这个未来的道路，那你就是在为自己创造机会——你是这场变革不可或缺的催化剂。

你的梦想客户会要你回答一个问题，那就是："改变以后，我能得到什么？未来是什么样子的？"

你的战略可以先定义当前状态和未来状态，然后确定把客户从当前状态移动到更好的未来状态所需的方案。让我们回到上一章末尾使用的案例，案例中的领导正在努力拯救一个部门，却举步维艰。你要对他这样说——

当前状态：您当前在销售上非常吃力，因为您的设备已经过时，产生不了现在想要的结果。用新技术生产的产品物美价廉，但您的团队担心会失业，担心他们的部门是否能幸存下来。

未来状态：您将拥有可以与竞争对手抗衡的新技术，您能以与他们相同或更低的价格提供更优质的产品。您的团队已经接受了使用新设备的培训，他们的能力足以与任何人竞争。您的市场和销售部门有能力赢回失去的客户，并创造新的机会。

如果你能够构建一套解决方案，让你鹤立鸡群，当然很好，但有时这不太现实。但没有好的建议，就没有办法成为值得信赖的顾问，这就是你作为价值创造者会面对的挑战。而且，教会目标客户如何思考他们的挑战以及如何走向未来状态是有风险的，他们完全可以撇开你自己干，或者把这一套都转教你的竞争对手，但他们希望你来帮助他们执行解决方案的概率仍然是很高的。

解决方案：为了产生这些结果，我们要安装 XO348，这种技术具有最快的生产速度，能达到最高的生产质量以及最低的单位成本。然后，我们将培训您的团队使用这种新技术，同时给您的市场和销售团队提供咨询服务，帮助他们做品牌定位，在稳固老客户的同时开拓新客户。

说完这些就万事大吉了吗？如果你要得到取代竞争对手的机会，你还需要问一个问题："现在这样做有意义吗？有足够的支持来做出这种改变吗？"

在销售对话中，你要如何进入最后一个阶段？你要如何向目标客户传达一个明确的未来愿景？

你首先要根据你对客户的了解和你帮助其他公司的经验来为目标客户构建一个愿景。你也要向客户提问以掌握更多信息，确保你构建的愿景是可行的。

你可能会说："根据我们迄今为止的讨论，我相信，如果做出改变,产量将提高15%以上,而且它将消除由于返工而导致的加班时间。您觉得怎么样?"

为什么要向目标客户询问他们对潜在结果的看法?曾经有一回,我向目标客户谈了我对结果和投资回报率的想法,但他们告诉我,我低估了解决方案的价值,他们的内部计算证明,解决方案的价值比我预测的高得多,是这个更大的投资回报率(ROI)让客户下定了改变的决心。你也会遇到其他客户,他们并不确定自己能否到达你所描述的未来,在这种情况下,你需要做更多的工作来帮他们看到未来。你可以从问他们这个问题开始:"您现在能看到什么?"

这种合作理念很重要。要达到未来的状态,你必须邀请你的目标客户参与到合作的对话中来。你可以这样说服他们:"我认为要达到我们讨论的结果,有一种方式是更换设备并改变您的运作程序。对此您有什么看法?我们要怎么调整才能让这个方案更适合您和您的团队?"客户可能会说"这个方法可行",也可能会说"我对此不太确定"。在这种情况下,你可能不得不问更多的问题。如果目标客户说"改变启动程序会带来很多问题",那么客户会问的下一个问题肯定是:"为了得到我们想要的结果,我们能做什么?"

这是一个很有效的方法,但因为我们的目标是取代竞争对手,所以这还不够。你必须给你的潜在客户一个改变的理由,否则他们不会和长期合作伙伴散伙。让我们来看看如何让我们的理由更具有说服力。

扩大理想和现实的差距

通过扩大客户当前结果和理想结果之间的差距，可以让客户认识到改变的必要性。你可以向他们指出他们绩效的缺口，告诉他们这个缺口是如何越来越大的，并告诉他们现在不采取行动会导致的后果。

在这里，我们不得不提尼尔·雷克汉姆（Neil Rackham）[1]，他的理论非常有影响力。

即使改变的理由很容易理解，也很明确，但许多人仍然难以改变。在这种情况下，你需要告诉目标客户如果不做出改变，仍然保留目前的合作伙伴将导致的后果。这个方法效果很好，但你要小心，不要过度发挥。如果你说得太直接，听的人就会进入防御模式，与你一起工作的欲望就会被削弱。也就是说，拉开你与竞争对手的差距很重要。当你的成绩远超你的竞争对手时，对方的去留就一目了然了。

实际听起来可能是这样的："我计算了一下，如果使用我们这个解决方案，产量能增加15%，还能节省加班工资。15%的产量增加

---

[1] 尼尔·雷克汉姆，全球著名的销售大师，以提高销售率著称，并成功地将研究和分析的方法引入销售队伍管理系统，是人们公认的成功销售的先锋。

值大约是 25 万美元，而根据去年的数字，能在加班工资这一项上节省 16 万美元。因此你的盈利能力在一年内能增加 41 万美元，减去你需要投资的 22.5 万美元，能多盈利 18.5 万美元，明年就是 41 万美元。在接下来的 3 年里，这个解决方案的价值将超过 100 万美元。"而如果不做出改变，那么这 100 万美元就无从谈起了，这就是不作为的结果。

还有软成本，也就是更难以量化的成本，确定软成本可以帮助你在当前状态和未来状态之间建立更大的差距。在以上示例中，花费在返工上的时间量会体现在加班时间中，这意味着客户可能需要拒绝其他更有利可图的工作——因为没有时间。这个可估算的软成本让你所描绘的未来状态具有更大的吸引力，也让原地不动的后果看起来更严重。甚至可能由于返工太频繁，他们会失去关键客户，或者他们的核心员工正因为长时间加班而人心浮动。

我并不像客户那样了解他们的业务，但我知道，公司总会忽略软成本。识别和量化这些软成本是扩大当前状态和未来状态之间差距的一种好方法。

但我要提醒你，你的竞争对手会做出反应，他们会进行升级或者尝试使用你的解决方案。这可能会导致你需要进行一些不太舒服的对话。不要直接攻击你的竞争对手，你这样说会更好："我们期待成为您在这个项目上的合作伙伴，并且在完成这个项目以后，我们还有几个想法想与您分享。"我不能保证你的目标客户不会给你的竞争对手（现任的合作伙伴）一个机会，但我的经验是，即使给他们一两个星期，他们还是会被客户淘汰出局。

创造一个小机会

有时，要取代你的竞争对手只需要一个小机会，将你的身份从"销售人员"转变成"合伙人"，将你的行为从电话拜访转变为实实在在地开展业务。这会改变你的地位，让你能接触到一些关键人物，从而让取代竞争对手变成可能。

这本书是一个纯粹的实用指南，教你如何挤开你的竞争对手，坐上他们的位子。要知道，除去客户视为战略伙伴的对手非常困难，即使他们表现不佳或是骄傲自满，也很难撼动他们的地位。老实说，你知道你的竞争对手也对你的一些客户虎视眈眈，这些客户留在你身边只是为了避免变更成本，尽管我希望你们夺走所有竞争对手的生意，但我还是认为，站稳脚跟更重要。

在我参加的第一次销售培训中，包括我在内的50名参加者都进行了角色扮演的练习，任务是让客户公司的区域经理签下订单。场景中给定的假设是，客户对当前的供应商不太满意，他们已经赶不上进度，还有一些麻烦的订单需要其他人帮忙完成。

当我站在教室的前边和区域经理一起角色扮演时，我要求他把所有的生意都交给我。我说："您现在的合作伙伴已经没办法满足您的需求，而我们有这个能力，我们可以成为您的主要供货商。"这很大胆，可能还有些鲁莽，但我之所以采取这种方法，是因为这是我的经理和我每周一直在做的事情，这让我们苦苦挣扎的分公司销售额增加了 10 倍！

区域经理做出反击，而我继续进攻。几个回合以后，她叫了暂停，把我拉到一边说："我知道你想干什么。这有时候有用，但并不总能奏效。有时最快速的办法就是先拿到一个小订单，这样你就和客户挂上钩了。"后来，她提出的策略帮助我拿到了订单，获得了渠道，得到了信任，最后取代了竞争对手。

在现实中，我一直在拜访一家大型零售商的配送中心。他们的合作伙伴是美国最大的两家公司。两个合作伙伴所提供的服务都不太理想，因此这个配送中心想再引入一个合作伙伴。他们甚至没有考虑更换现有的合作伙伴中的一个，因为他们相信，如果连这两个最大的供应商都不能胜任，还有谁可以呢？

我同意作为备选供应商，任务是补足那两个供应商剩下的订单，这让我有机会接触客户公司的利益相关者。我开始每天在上班路上顺道拜访客户，以确保我们正在产生好的成果。这样，我就可以与利益相关者相处一段时间，与对认命合作伙伴有发言权的人建立联系。第二年，我们变成了主要供应商。到了第三年，我们成了唯一的供应商，而其他供应商只会在我们需要的时候启用，并且是作为我们整个项目的一部分。

这里想说的关键是，有时候要成功取代竞争对手，拿到一个小订单是你要迈出的第一步。

一些客户公司会有多个供应商，他们常常会采用一个行之有效的策略——"冠军—挑战者"模型（champion—challenger model）。客户会给你（挑战者）一定比例的业务，以制衡"冠军"，也就是主供应商。这些公司发现，让两家公司竞争他们的业务，一家获得其中的大部分份额（冠军），另一家获得足够被认为是"挑战者"的份额，效果是最好的。这种方法很流行，因为它让公司在冠军力不从心、自满或让人失望的时候，可以把大部分业务转给挑战者。

我把这个策略写在这里有两个原因。第一，通常情况下，你可能无法完全取代竞争对手，但至少能获得一个新客户。如果你足够积极主动，并致力于争夺客户的注意力，你最终可能成为冠军，把你的竞争对手挤出场外，只留给他们较小的份额。第二个原因是我看到这种策略在各个行业都很成功。这种策略与努力得到一个订单的不同之处在于，你能获得业务的很大一部分，而客户也能规避只用一个供应商带来的风险。

要明确的是，这一策略要慎用。我希望你使用它不是因为采用这一策略比想办法取代竞争对手来得简单。只有当一个供应商很难满足客户的所有需求或是客户想要规避风险而使用多个供应商时，这个策略才是合适的。如果他们必须使用两个合作伙伴，那你当然不要拒绝成为其中的一个，之后你还会有成为唯一合作伙伴的可能。只是不要因为它容易就依赖它。

朋友的葬礼

要解雇和你关系密切的人是件难事。你的竞争对手与你想挖的客户有着长期的合作关系，他们有一起工作的经历，而且过去也一起得到了很多很好的结果。他们甚至可能私底下是好朋友，共度过很多美好时光，一起处理过很多问题和挑战。你的竞争对手了解客户的业务，这使得客户更容易与他们沟通，因为他们深谙客户公司的运作之道。

换掉长期合作伙伴的决定必定伴随着变更成本。第一，你的目标客户必须让你熟悉他们的业务。即使你与同类公司合作过，但每个客户都有自己的特质。第二，他们有自己的文化、交流方式以及喜好。他们也有自己的内部政治，有一些人试图影响决策——比如谁可以成为他们的合作伙伴——以提高其在公司的地位。第三，你是个未知数。你能不能最终达成你所说的目标尚不可知。已有人在你之前尝试过并以失败告终，或者因为不懂客户公司的运作方式而步履艰难，而你看起来与那些人也没什么不同。

偶尔，你会幸运地遇到一个梦想客户，这个客户对他现任的合作伙伴不满意到了极点，已经准备离开。但更常见的是，客户不想太无情，他会给现任合作伙伴一个改进的机会。这导致你要花上很长的时间才能取代你的竞争对手，这需要专业、耐心和坚持。毫无疑问，解雇和你共事了很久的人是很困难的，尤其是当你非常喜欢他的时候。

如果你说竞争对手的坏话，只会让情况变得更糟，这会使你的客户感到有必要为合作伙伴进行辩护。记住，是他们曾经选择了你的竞争对手，并且在一段时间内，你的竞争对手的表现也可圈可点。当谈到你的竞争对手的缺点时，你必须谨慎，以免过火。事实上，描述商业环境发生了多大的变化、业务有多困难以及给予竞争对手足够的尊重，才是正确的选择，因为这样你给了客户一个放手的理由。打电话给你的竞争对手让他们乖乖走开太难了，而仅指出他们无法胜任现在的工作这一事实，则容易得多。

大部分销售是通过取代竞争对手完成的，你需要创造一个机会来启动这一过程。

> **行动起来**
>
> 1. 列出你目前正在寻找的机会。
>
> 2. 写下目标客户当前的状态、他们需要的未来状态以及他们要做些什么来缩小两者之间的差距。
>
> 3. 写下你扩大理想和现实差距所必须知道的信息,让潜在客户认识到改变的紧迫性和重要性。

第七章 | 与目标客户全方位建立共识

在早期的销售互动中，不管你与谁打交道，都需要围绕变革建立共识，并且向目标客户传达一个信息，那就是你是帮助他们变革的合适伙伴。你首先需要确定发起变革所必需的利益相关者，然后你需要让他们对你、你的公司和你的解决方案产生偏好，这种偏好要强到让你能够取代你的竞争对手。

识别利益相关者

相信大家都常常使用"利益相关者"这个词，但从来没有给它下过定义，也没有考虑过利益相关者到底是谁。我们用这个词来形容每一个将要受到变革影响的人。很多人会把利益相关者局限于决策者和影响决策的人。当有人向我们提供帮助时，我们倾向于对这个人充满信心，觉得他足以引导我们走向胜利。但实际上，我们需要更深入地研究，才能有足够的认识来想出取代竞争对手的策略。

问题 CEO：之前，你一直坚信应该打入客户公司的高管层。你被教导要尽可能从高处开始进入组织，获得权威人士的支持，然后让这个人把你往下推入组织。即使这有时奏效，但其实你并不总是需要那么高层级的联系人，而且你掌握的信息他们可能并不感兴趣（即使你用了前面章节中所说的方法）。

然而，客户公司里会有那么一个人，他想要做出的改变正是你在推销的。这个人是首席执行官任命的，他需要做出一些成绩来，他在他的责任范围内有决断权。我们管这个人叫"问题 CEO"，问题 CEO 是你想发起的变革的最高级别负责人。他们有预算上的自由裁量权，虽然他们可能需要他们的领导签字认可，但他们对变革有控制权。

首席执行官不会参加每个首席技术官或首席信息官参加的会议。首席执行官雇用了他们，并相信他们会做出好的决定，因为他们是各自领域的专家。首席技术官或首席信息官则会将一些决定的权力授予 IT 主管，因此，这个 IT 主管才是与潜在合作伙伴会面的人。

让我们搞清楚这个问题 CEO 是谁：问题 CEO 就是那个最在意你所创造的结果，并会确保结果顺利交付的人。你要认出这个人，尽可能早地让他们参与到你取代竞争对手的过程中来。

终端用户：他们是使用你产品的利益相关者，他们关心的是一级和二级的价值。

请记住，销售四级价值并不意味着优先考虑四级价值，而牺牲其他价值。四级价值是建立在较低层次价值之上的。在目标客户的公司里有很多人关心一级价值。事实上，如果你的竞争对手的产品或服务低于标准，那么与终端用户交流会是个很好的开端，因为他们的不满为你提供了让客户公司做出改变的强大理由。得到他们的支持是很有利的，记住：当谈到交易时，没有一条总是正确的道路，比如认为必须从组织结构的顶部开始向下走。

你的目标是让终端用户获得更好的产品或服务，生活变得更轻松。如果没有他们的参与，你可能会提出一个解决不了问题的方案，这个方案肯定会受到用户的抵制，因为你根本没有把他们考虑在内。

次级利益相关者：这些利益相关者不使用你所卖的产品，但你的产品在某种程度上会影响他们，他们可能来自 IT 部门、财务会计部门或人力资源部门。你需要考虑他们的二级价值需求。

你也许不会直接和目标客户公司的会计部门合作，但如果你不能提供他们需要的账单和报表，你会发现很难赢得他们的生意。你的竞争对手知道如何为他们服务，而你不知道，这意味着你对他们来说就是额外的工作负担。

现在的情况是，我们的许多解决方案都需要技术模块，比如用户访问的入口，因此，这些次级利益相关者对于与谁一起工作也有发言权。这类利益相关者往往具有较大的影响力，因为他们的技术专长允许他们提出其他人难以理解的论点，他们也可以以资源不足为由拒绝改革动议。

和这些人做生意的时候，你要十分灵活。要做到这一点，你必须知道他们的需求和原因。

管理层：这些利益相关者需要更好的结果，他们需要有效地解决问题，他们需要一个合作伙伴。他们最关心的是三级价值，也很重视四级价值。三级价值为这些利益相关者提供了投资回报，也就是经济价值。同时，他们也在寻找位于第四层级的能创造战略价值和提供可靠建议的合作伙伴。管理层的利益相关者的责任就是在现在和未来创造更好的结果。他们还要防止员工在第一层级和第二层级出错，他们为员工清除障碍，确保团队顺利执行计划。导致公司换掉合作伙伴的不满情绪常常源自管理层，然后向上传递给领导层。

领导层：这是你的洞察力最能发挥作用的地方。领导层的利益相关者需要四级价值，也就是战略思维和可付诸实践的洞见。他们会为你铺平改革的道路，他们有权力签订合同，并让整个公司为合同服务。而这本书的重点就是要帮你赢得这些利益相关者。

你的洞察力、想法、情景知识以及对你的行业与客户行业的深刻理解，会激起他们对你的兴趣。如果你有深厚的知识和独到的观点，能够给领导层利益相关者提供一些能帮助他们制定战略计划的东西（或者直接为他们打造一个战略计划），你的身份就开始从销售员转变为他们信赖的顾问了。

为了更清楚地了解利益相关者的全貌以及建立共识的途径，我们需要另一个视角，即各个利益相关者的个体属性。

属性：化主观为客观

为了在构建共识时对利益相关者有全面认识并确定可用的选择，你需要将某些主观属性变得更客观一些。

在我参加的一个研讨会上，一位与会者说人类只会根据证据做出理性的、客观的决定。我认为事实恰恰相反，人们会做出情绪化的、非理性的决定。我的说法引来了反驳，这位绅士坚持认为我是错的。所以，我让他把选择配偶时使用的电子表格和属性列表拿出来。他磕磕巴巴地想找个论点，最终挤出一句："是她选择了我！"我回答说："那么她也做出了非理性的决定，还是说她使用了电子表格？"每个人都笑了，但是这个人丝毫没有改变他的想法。

午餐时，所有与会者都带了三明治。当我的"理性"朋友从我身边走过时，他把三明治放在我面前。他看着我说："我现在在用旧石器时代饮食法（the paleo diet）①，因此我不能吃这个三明治。但事实上我真的很想吃这个三明治。"他微笑着看着我，要我承认他的决定完全是理性的或客观的。我确信这不是他做出的第一个或最后一个类似的决定。

我们常常以为自己的判断是客观的，因为我们似乎找到了一堆证据，其实不然。我们给利益相关者贴上的属性标签本质上也是主观的，但我们可以尝试让它们尽可能客观，而且请记住，这只是对利益相关者的描述，不是利益相关者本身。我们只对利益相关者的一些属性进行分类，从而在你通过发展关系来取代竞争对手时，我们可以提出更好的问题，帮你找到更好的选择（无论你是如何获得机会的，本节都将帮助你拿下订单）。

当你基于这些属性对利益相关者进行评分时，不需要很精确，只要方向正确就行了。当你比较一个利益相关者与其他利益相关者时，你会调整你评分的方式，以便搞清楚谁能帮助你赢得生意，而谁又会成为障碍，同时你也会就各项选择产生一些想法。

对价值的感知：利益相关者是怎么看你的？他们认为你创造了

---

① "旧石器时代饮食法"是由美国健康学家洛伦·科丹教授提出的。他认为，现代人类食用了过多谷类。他提倡人们像祖先那样，多吃应季水果、瘦肉和鱼类，不吃或少吃经过加工的食品，比如糖、面包及奶制品，从而避免患上癌症、肥胖等现代疾病。（译者注）

哪个层级的价值？而他们需要的是哪个层级的价值？两者之间是否有差距？你需要做些什么来弥合这个差距？

我们从"对价值的感知"这一点切入是有原因的。要说服目标客户接受你成为新的供应商很难，因为他们根本不相信你能比他们目前的供应商创造更大的价值，更何况他们从未与你合作过。

我最常问的一个有关四级价值的问题是，你是否必须通过成长一步步到达那个水平，还是可以直接从那里起步？答案是，想要取代竞争对手，必须从第四层级开始。如果你想说服目标客户改变，你就必须承诺带给他们更高的价值。终端用户非常关心一级价值，你可能只需要向他们证明你可以提供更好的产品或服务就能获得他们的支持。但是，随着你在客户公司组织中向上移动，你将需要提供更高级别的价值来赢得利益相关者，尤其是管理层和领导层。

请对你的联系人对价值的感知度做一个一级到四级的评分，以得出一个方向性的概括。记住，它只是对利益相关者的描述，不是利益相关者本身。

参与程度：利益相关者在这个过程中是参与的还是游离的？他们会和你见面吗？他们会和你分享吗？他们愿意合作吗？

为了在竞争对手的客户公司内部创造并赢得机会，你需要吸引一批利益相关者在变革过程中与你并肩作战。也就是说，他们会给你时间，与你分享信息，安排会议，为你引荐，并且会做出承诺。

这些承诺包括时间的承诺、探索的承诺、改变的承诺、合作的承诺（包括信息交换）、建立共识的承诺（包括向你提供接触他们团队其他成员和其他利益相关者的渠道）、投资的承诺、审查解决方案的承诺和解决问题的承诺。

参与度高的利益相关者会与你一起经历改变的全过程。当你识别出"高参与度"这个属性时要非常小心，因为你很可能认为"参与度越高越好"，但实际上并不总是如此。高参与度的支持者是很重要，他们会帮助你推进事业。但是那些对你创造的价值不认可，更青睐你的竞争对手，又具有高参与度属性的人呢？你很快会发现，参与度高但对你持敌对态度的人会是相当难缠的对手。

你可以用1~5给联系人打分，1代表"严重游离"，5代表"高度参与"，中间的数字代表某种程度的参与。虽然拥有非常投入的利益相关者看起来是有益的，但是具有5分投入度（意味着高度投入）而在偏好度上只有1分（意味着他们支持你的竞争对手）的利益相关者会很麻烦。在给他们打分的时候，也要注意个体差异。你需要选择某一得分的利益相关者，研究他们的差异，然后修正评分。

被迫改变：现状是一个非常厉害的敌人。无论你拿出多强大的证据来证明改变的必要性，都会有利益相关者抵制或拒绝任何改变。你要先赢得人心，才能创造出机会。然而，也会有一些利益相关者有改变的动机，他们会对你有很大的帮助。

我们要教你的是一种方法，让你能够找到目标公司内部迫切想看到变化以得到更优结果并愿意出手促成改变的人。我知道有些模型说组织中有人可以凭一己之力推动变革，这个人往往有个绰号，比如"教练""冠军""倡议者"或者"动员者"。有这样一个人当然很好，但我们需要更进一步——找到所有利益相关者。

那些被迫改变的人更容易换掉他们目前的供应商。他们改变的压力越大，对整个变革的助力就越大。反过来，他们发现变革的紧迫性越小，就越有可能与之对抗。要了解你的选项和动力，你必须看多个属性，因为单一属性能告诉你的只是冰山一角。有些人可能被迫改变，并且对变革的接受度很高，但相比你的公司，他们更喜欢别家公司，原因可能是他们与别家公司有过业务往来，也有可能他们单纯只是不喜欢你和你的公司。因此，你不能让一个属性支配你的思维。

你可以在这里使用相同的评分系统，1分表示完全抵制任何改变，5分表示被迫改变，3分表示中立。

权威： 在分析利益相关者地图时必须考虑的另一个因素是，个人有多大的权威以及他们是否愿意变革。你需要权威人士的支持，尤其是领导层的利益相关者，他们还会保护你免受来自组织内外的威胁。

你可能会根据预算、权限、需求和时间来评估潜在客户。很多情况下，即使潜在客户没有预算，但在必须进行投资的时候，他们也会拿出钱来。也有客户有需求，只是他们还没有认识到这一点，这在本书的第一部分已经讲过了。对于许多潜在客户来说，在4月进行变革与在3月进行没什么区别。当然，对你来说越早越好，但时间对你的客户来说可能并没那么重要。

在此我们要讨论的是"权威"——组织内有这么一个人，有权决定并推动公司达成协议。诚然，签署合同的是一个个体，但这个人不是仅凭一己之念做出决定的。如今，决策更加民主化，领导者更喜欢在指挥和控制方面与员工达成共识。他们希望自己的员工能拿出他们的主动性和智慧来解决问题，他们也希望在决定及执行变革的时候有员工的参与。

这就是说，你仍然需要行政支持，也要搞清楚是谁负责签署协议、谁会参与采购、决定是如何做出的，你还要给他们在组织内有多少正式权力打分。如果你不和那些有决策权的人打交道，那么你取代竞争对手的计划肯定会出问题。

你的梦想客户的CEO在权威方面可以得5分，但问题CEO的得分也可能是5分，因为他们是最终决定是否要改变供应商的人。

在对其他利益相关者进行评分之前，最好考虑下我们在下面将要讨论的"影响力"。影响力是权威和权力的另一种形式。除非你留心观察，否则不容易看到。

影响力：影响力与权威相似，只是它是无形的。它与头衔无关，你不能在企业人员表或领英个人档案上看到它。影响力指的是一个人在你的产品和变革上有多大话语权，这个属性决定了谁会成为大家思想和信念的风向标。

每一个公司都有一些具有专业知识的人，使他们在影响力方面能达到5分。你可以在会议中认出这些人，因为他们会问很多问题，并说出他们的需求。或者你会注意到他们，是因为他们的同僚会向他们提问，依赖他们的专业知识去理解一些事情或者做出选择。但也有一些有影响力的人是你很难发现的，他们默默无闻，但在幕后，他们努力让自己的偏好为人所知并被认真对待。让这类利益相关者现身的一个方法是让他们在会议上分享想法，让他们不得不说些什么。你可能还必须求助于一个对你有好感的利益相关者，以获得更多关于这些意见领袖的信息，以便更好地与他们打交道。

意见领袖可以是强大的盟友，也可以是强大的敌人。一个安静的意见领袖可能会在幕后破坏你的好事，一个直接的意见领袖可能会当着你的面反对你和你的公司。我曾经遇到过一个非常强大的意见领袖，他向我指出我们公司的价格太高，我们不是好的合作伙伴，她要跟一个价格低得多的公司合作，她认为我们无法创造足够的价值来支撑我们要求的投资。她不遗余力地让另一家公司得到了生意，她离开后，新上任的领导才转而雇用我们来完成提案。

影响力是你必须慎重考虑的因素之一，没有正式权威的人也会产生巨大的影响力。若没有看到权力的外在表现，没有意识到这个人才是谈判桌上权力最大的人，那是非常危险的。

在另一笔我参与的交易中，有个利益相关者很不开心，一直大声抱怨，显然，她的影响力是大于其他人的。虽然她缺乏正式权威，但赢得她的支持让我的小公司赢得了业务。因为我们认识到了她的影响力，花时间在她身上，而我们的对手却忽视她的需求（这就是需要改变的证据），最终我们拿走了对手的生意。

5分代表高影响力，1分代表没有影响力。当你把一个利益相关者与另一个比较时，你需要1~5中的某个分数。比如，你可能会说，"如果约翰的影响力是4分，那么简就是5分"。如果想要在影响力方面不出错，你应该尊重所有人，并假定他们比你所见的影响力更大。我猜你妈妈对你说过这样的话，现在我告诉你，她是对的。

偏好：很难就这个因素进行评分，但是，就像其他因素一样，它至关重要。这个因素告诉我们利益相关者目前更愿意与谁合作。

一些利益相关者会很清楚地告诉你，他们想与你合作，这种情况当然应该得5分。而另一些利益相关者无论通过语言还是行动，都在告诉你，他们更喜欢你的竞争对手。还有一些人则不会给你任何线索，为了揭示他们的偏好，你需要直接问他们或者问其他利益相关者，最好是问想改变并喜欢你的那些人。

记住，这些因素中的任何一个只提供了地图的一小部分。有些人更喜欢你，但没有影响力和权威。也可能有一个有强大影响力和权威的人特别喜欢你的竞争对手，他可能会努力保护你的对手，你应该预料到会发生这种情况，也许他认为目前的供应商就是一个四级价值的提供者。一旦你在这些属性上给你的利益相关者打了分，你就可以看到另一张地图，一张你以前没有看过的地图。

建立共识工作表

利益相关者	头衔	当前价值层级	目标价值层级	偏好	参与度	要改变的原因	权威	影响力
简·琼斯	副总裁	一级	三级	5	4	1	5	5
约翰·约翰森	总监	三级	四级	4	4	4	2	4
汤姆·麦卡锡	IT主管	三级	三级	3	3	3	2	3
史蒂夫·阿南德	业务经理	二级	三级	2	3	2	3	3
布莱恩·哈里斯	业务组长	一级	三级	1	5	1	3	5
苏·史密斯	首席财务官	一级	三级	3	3	3	3	3

盟友、阻碍者和反对者

我们已经对所有潜在的利益相关者进行了评分，接下来根据他们的属性将他们分成5种类型，以便你可以迅速识别他们，然后拟订建立共识的战略计划。

盟友：盟友是那些喜欢你和你的解决方案的利益相关者。他们高度参与，并且对于决议有很大的影响力。还有很重要的是，他们正迫切想要做出改变。

通常来说，你要尽可能早地确定尽可能多的盟友，这是取代竞争对手的良好开端。然后，随着过程的深入，你的势头将越来越强劲，让换掉现任供应商变成不可逆转的趋势。你需要问这样的问题，"谁会支持我们推荐的那种改变"，以及"什么时候我们可以把他们带到这个过程中来"。

潜在盟友：潜在盟友在更换合作伙伴这一点上是中立的，在参与进程方面也是保持中立的态度，他们来参加会议可能只是因为他们的盟友要求他们在场。但是，他们还是有可能被影响的。他们有一些影响力，也有一些改变的需求，但还没有到被迫采取行动的地步。

你要跟你的盟友谈论潜在盟友这一话题，向盟友寻求帮助，以确定谁最有可能成为你的合作伙伴。你要避免把那些反对换掉你的竞争对手的人拉进来。

中立者：一些利益相关者总体上是中立的。在由你替换竞争对手的过程中，他们往往是次级利益相关者，可能不会失去任何东西。不过，你还是要尽量争取他们。你也不想他们对你的竞争对手产生偏好或者抵制改变吧？

阻碍者： 阻碍者是那些不喜欢你的利益相关者，他们可能更喜欢你的竞争对手。他们不会轻易参与变革过程，因为他们没有改变的迫切需求，但是他们有很大的影响力。有些时候，你没得选择，不得不让这些人参与对话。他们往往是某个方面的专家，有丰富的知识和经验。如果你知道他们更喜欢你的竞争对手，你当然会想把他们排除在对话之外，直到你找到一个强大的支持者。

反对者： 反对者更喜欢其他人及其解决方案。他们具有很高的参与度，有很大的影响力，可能想改变，也可能不想，重点是他们更想要别人而不是你来取代目前的供应商。这些人会积极与你作对。

你可以用以下两种方式中的一种来对付阻碍者和反对者。第一，也是我最喜欢的方法，尽可能不要让他们进入销售对话，能拖多久就拖多久，在这个过程中，尽量与其他人达成共识。当你最终让他们参与对话的时候，你已经势不可挡，他们无法再阻止你替代竞争对手成为新的供应商。这种做法的风险在于，他们的影响力如此之大，以至于如若缺乏他们的支持，你的其他盟友可能会叛逃。

第二种方法是较早地让他们参与到对话中，让他们表达疑问，让他们说出反对解雇你的竞争对手或者拒绝改变的理由。当你有不少来自强大决策层的支持时，这种策略最奏效。但是你要小心，越来越多的领导人在做重要决策时会希望与员工达成共识，不想强迫员工。让关键人才感到自己被排除在外，会让他们站上道德高地，大声宣称自己的声音没有被倾听。

当你在客户公司内部建立共识时，你需要问自己以下问题：

- 什么时候引入额外的利益相关者是有意义的？
- 谁可能支持这个倡议或想法？
- 有没有办法赢得那些还没有被迫改变的人的支持？
- 我们如何处理那些很容易使我们陷入困境的障碍？
- 我们什么时候与反对者对话？

建立共识工作表：识别角色

利益相关者	头衔	角色	当前价值层级	目标价值层级	偏好	参与度	要改变的原因	权威	影响力
简·琼斯	副总裁	问题CEO	一级	三级	5	4	1	5	5
约翰·约翰森	总监	盟友	三级	四级	4	4	4	2	4
汤姆·麦卡锡	IT主管	中立者	三级	三级	3	3	3	3	3
史蒂夫·阿南德	业务经理	阻碍者	二级	三级	2	3	2	3	3
布莱恩·哈里斯	业务组长	反对者	一级	三级	1	5	1	3	5
苏·史密斯	首席财务官	潜在盟友	一级	三级	3	3	3	3	3

当你问这些问题时，你要确定你正在考虑这些问题的顺序。什么样的顺序才有意义？

让我以一种更容易理解的方式来概括本章，你可以现学现用。建立共识需要：

1. 识别客户组织中各种联系人的属性。

2. 根据他们的属性，把他们归类为盟友、潜在盟友、中立者、阻碍者或反对者。

3. 致力于提高问题 CEO、盟友和潜在盟友的参与度和对你的偏好。

4. 确定何时有必要让阻碍者参与到对话中来以及如何解除他们的担忧，先处理具有较高影响力和权威的阻碍者。

5. 确定你何时以及如何与反对者接触的策略。

你必须让某些人了解你，让另一些人认识到需要改变，并且相信你是变革过程中合适的搭档。为此，首先你要建立"必须改变"这一共识，然后还要建立另一个共识，那就是"你是正确的合作伙伴"。当你建立起这两个共识以后，替换掉你的竞争对手几乎就是必然的。

行动起来

1. 列出你目标客户公司内部利益相关者的名单。

2. 根据下列属性对每个利益相关者进行评分：偏好、是否被迫改变、参与度、权威、影响力以及他们对你创造的价值的认知。

3. 根据你分配的分数，将这些利益相关者分为盟友、潜在盟友、中立者、阻碍者和反对者。

第八章 ｜ 向签约挺进

在向签约挺进的过程中，你主要会遇到两种挑战。第一种类型的挑战是目标客户公司内部的挑战，因为不同的利益相关者未必都在同一个认知层面上。第二种类型的挑战是当我们把取代竞争对手视作目标时，经常会犯的错误。让我们先看看内部挑战。

内部挑战

你的利益相关者对于"问题"有不同看法：有时目标客户内部的利益相关者不同意存在问题或者认为问题还没有到需要解决的地

步。一些利益相关者认为他们的问题需要一个新的解决方案和新的战略伙伴；而在另一些人眼里，这些问题根本不需要花精力解决，他们觉得现在的状态就挺好。

我们在上一章中已经讨论过利益相关者的这种分歧。认为必须改变的利益相关者相信问题值得他们投入时间、精力、资源和金钱。反对者则不然，但有人抗拒并不代表没有改变的可能性。你需要确定的只是你是否可以战胜反对者，又或者你或他们团队中的某个人是否可以让他们扭转思维。

建立共识是一门艺术，而不是一门科学。我遇到过对问题严重性一无所知的相关利益者，但当我把事实放在他们眼前时，他们很快就理解了改变的必要性。也有人会拒绝审视证据，认为问题并没那么严重，顽固地拒绝采取行动。有时高级管理层会认为改变对他们不利而拒绝改变。我曾经服务过一家公司，尽管我向他们展示了压倒性的证据，但他们还是拒绝改变。我不断告诉他们，他们的战略是站不住脚的，他们会失去客户。而高级领导层一直不愿意相信，直到他们开始失去客户。

当存在此类内部分歧的时候，你必须决定是否要用一些手段把那些抗拒改变、无法说服的人排除在外，还是要努力赢得他们的支持，或是找到一个位高权重的人直接否决他们的反对。最后那种策略很冒险，因为结果可能是这些反对者拒绝执行，产生的后果则要你来承担。一小撮反对者就可能让签约之路布满荆棘。而且就算所有利益相关者都同意存在问题需要解决，也有可能在别的方面存在分歧。

你的利益相关者在解决方案上存在分歧：你目标客户公司内部的利益相关者的确一致认为存在问题，但却在哪个是正确的解决方案上存在分歧。比如，他们可能会就他们应该做什么存在互相矛盾的观点。

那些急于改变的人和支持你的人相信变革就是正确的解决方法，而那些喜欢现有供应商的人则认为正确的方法是和现有供应商一起改进，你还可能会发现一些利益相关者有其他中意的供应商以及随之而来的解决方法。在用证据说服目标公司变革的时候，可能就埋下了一颗炸弹，那就是你的目标客户会考虑你之外的选项，甚至启动招标程序。

由此可见，建立共识至关重要。原因之一就是，应该在正确的利益相关者身上花时间，这会为你、你的公司和你的解决方案赢得支持。稍后，我们将探讨为什么与利益相关者的会议顺序会对结果产生影响。现在你要记住的是，你的最终目的是尽早为你的解决方案获得足够的支持，这样才能抵御种种威胁。

你不仅需要在问题、解决方案上建立共识，还要在变革过程中建立共识，最后一点往往是三者中最困难的。让我们看看对进程持反对意见的利益相关者是怎么样的。

你的利益相关者不认同流程：有利益相关者对于问题本身及是否需要立即处理这个问题存在不同意见就已经够麻烦的了，而不认可解决方案也叫人头疼。但这些挑战比起客户不认同流程，简直就是小巫见大巫。那么，如果同时你还要提出变革的动议，打破现状，取代竞争对手，那真是难于登天了。

在取代竞争对手的过程中，你是一股颠覆性的力量。你在尝试改变人们处事的既定方式，这其中包括客户与当前供应商的合作模式。你不是按常规做一个提案，而是打算成为新的合作伙伴——可能对方从未想过如果换掉现在的合作伙伴要付出什么样的代价。

正因为如此，你要帮助目标公司内部的联系人搞清楚流程，你可以问他们问题，以找出需要参与对话的人、需要参与变革决策的人、会受此决定影响的人，还要确定何时让这些人参与进来是合适的。

一些销售领导非常看重固定的销售流程，他们相信结构化的操作会带来更好的结果。但我不怎么推崇销售流程。我认为销售流程是必要的，但还不足以保证良好的销售结果。这主要是因为我的大部分时间都在努力取代竞争对手，在这种情况下，没有固定的销售对话和结果，这个过程总是非线性的。而且它涉及购买过程或者说买家做出决定的各个阶段，如果只遵循一刀切的流程，就忽略了企业之间的差异。销售流程也会让人错误地认为目标客户公司内的每个人都处于销售流程的同一阶段，在现实中这几乎是不可能的（我们已经讨论过每个人的不同属性）。

你的销售流程可能解决不了以上问题中的任何一个。但这并不意味着你不应该帮助你的潜在客户克服这些挑战，做出必要的改变来产生他们需要的结果。当大多数人看到这一节时，就反应过来是上述问题曾扼杀了他们以为可以赢得的交易。想要取代竞争对手，你就必须有能力看清这些挑战，才有可能去对付它们。

你可能是自己最大的敌人

有时候，你在建立共识中所遇到的问题都是你自己造成的。

在没有和必要的利益相关者（垂直和横向）结盟的情况下贸然前进：当需要达成共识时，你可能犯的第一个也是最危险的错误是，试图在不做任何必要工作的情况下向前迈进。还没有得到有表决权的人的认可，就试图推动变革向前推进，这会让他们勒紧缰绳，让速度放缓，甚至抵制改变，并最终扼杀整个动能。即便有天时地利，达成共识依然困难。但试图避开只会让你一败涂地，那么，为什么这么多销售人员试图逃避呢？

原因之一是他们害怕让主要联系人感觉被冷落。你可能会认为，只要与一个有高参与度的利益相关者关系紧密，就足以赢得业务了。

然后，你就会陷入这样悲惨的境地——这个利益相关者告诉你"公司决定向另一个方向发展"。这里的"公司"指的其实是其他所有被你排除在外的利益相关者。我们有时防范错了危险，让多方加入对话并不是我们最大的威胁，把他们排除在外才是真正的危险。

想要马上拿下业务，是销售人员在没有得到有表决权的人认可的情况下试图向前推进的另一个原因。他们希望加快进程，因为他们有目标要达成，越快越好。你要知道，你的销售过程和对方的购买过程并不是对等的，无论你如何调整让两个过程靠近，只要有他人参与，两个过程就不可能完美吻合。你的销售过程要求你瞄准你的那些梦想客户，做好调查工作，找到合适的客户，然后提出你的解决方案——这是你认为正确的流程。但它没有告诉你的是，有7个人会参与决策，其中4人不知道决策是有关变革的。

你尝试在没有必要支持的情况下达成交易的另一个原因是，你没有好的策略来应对那些反对你的方案的人以及那些可能非常支持你正在努力取代的竞争对手的利益相关者。但是你避开反对者并不会削弱他们对目标客户公司的影响。是否让利益相关者参与到变革过程中是个艰难的决定，你需要选择对你有益的策略。这本书是教你如何取代竞争对手的，这是销售中较难达到的结果之一，它需要你投入大量精力，包括与那些和你意见相左的人、那些正在努力保护自己领地的人以及那些反对你的人交涉。

只有单一策略：当销售人员是单线作战（与单个联系人合作，并相信这就是所要做的一切）时，他们通常会一条路走到黑。他们会死死抓住出现的第一个念头，不会对其他可能性敞开怀抱。

当你开始双向思考时，你会看到多个利益相关者被卷入到销售过程中，他们受到变革的影响，你需要调整你的策略以满足他们的特定需求。在通往决策的路途中，你需要一直在他们左右。你的主要联系人可能已经给了你时间，也探索了改变，并相信有足够理由需要做出改变，而且全情投入与你一起拟定正确的解决方案。现在，你需要考虑目标公司组织中与变革相关的其余部分。你需要的一些利益相关者甚至可能还没准备好思考他们是否需要变革，更不用说投入变革了。

对于那些将要受到变革影响的人来说，应该给他们提供何种价值主张？如何让他们参与进来？

不探索事件的顺序：当你开始考虑建立必要的共识，用你的解决方案取代你的竞争对手时，你会发现做事情的顺序很重要。如果你的经验告诉你，你将需要来自目标客户 IT 部门的代表的支持，那么你就要决定让这些人参与进来的时间点。是早点让他们加入，帮助他们理解为什么让你代替你的竞争对手，还是努力争取一个执行层领导的支持，让他来强迫改变发生？

如果你看过我的书，你就知道我的观点——不存在所谓的对错，不要限制你的可能性。销售是一个复杂的、动态的、非线性的人际互动过程，有太多的变量，不可能在所有情况下都只有唯一正确的答案。相反，你需要考虑周到，战略性地根据你所拥有的信息和经验做出最好的决定。

我见过一些公司采取非常规的策略，他们先去找客户的采购部门，给其灌输投资多、回报多的价值主张，让客户看清楚其所承受的软成本。这种大胆的方法很成功，但如果他们认为采购部门只会是个障碍，就不会采用这个办法了。

本章稍后会探索如何安排会议排序。现在，你必须确定让利益相关者参与变革过程的策略以及顺序。

如何建立共识

确定你需要的结果

确定达成共识可能是件棘手的事，让我给你举个例子。你正在拜访你的目标客户，并努力和你认为是问题 CEO 的那个人搞好关系，这个人是该组织中最关心能否产生好结果的人。他告诉你他所面临的挑战以及他认为实现他的目标需要做的事情。因为你与他年龄相仿，而且你是顾问型销售人员，所以你会问这样一个问题："在这里，谁会受到变革的影响，谁会参与决定是否发起变革？"问题

CEO 会告诉你，有 6 个人将参与到这个决策中来，他们是运营主管、IT 主管、高级主管以及他们的二把手。因为你很聪明，所以你又问了一个问题："你能跟我分享一下他们每个人的情况吗？在什么前提下他们才会支持变革的决议？他们可能会担心什么？"

问题 CEO 是这样回答的：运营负责人需要知道，你要做的事情不会削弱他们为客户服务的能力，他们承受不了这样的破坏。IT 部门的负责人需要确定，无论你做什么，都将能够集成到他们的 ERP 系统中。高级主管可能会反对改变，并希望保留他们目前的合作伙伴。高级主管是按照业绩获得酬劳的，虽然已经有好长一段时间业绩不佳，但他还是不愿意冒险做出格的事情。

你可能需要几次会议才能完全了解这些人，重点是搞清楚你需要为每个利益相关者提供的结果。在上面的例子中，你需要解决运营主管对变革过程中的生产能力的担忧，你还需要技术团队中的某个人来说服 IT 主管你能够将你正在做的事情集成到他们的 ERP 系统中。不管怎样，你必须得到高级主管的支持，让他相信他需要改变，而且你是比现在的合作伙伴更好的人选。

给利益相关者排序

决定何时引入利益相关者是非常重要的，但可能很棘手，你可以遵循以下策略。这些策略都不是相互排斥的，你可以同时使用这些策略中的几种，主要目标是尽早避免障碍，并获得足够的支持来捍卫变革。

第一种策略是尽早识别目标公司内部谁会支持雇用你来取代现有的供应商，并帮助你获得足够多的支持以对抗阻碍者。通过建立一个坚实的后盾，你可以削弱阻止你前进的力量，当支持达到一个临界值的时候，其他人再想要反对就太晚了。这一战略通常都是有效的，但也可能会适得其反。比如一个很有影响力的利益相关者隐于幕后，阻挠你取代你的竞争对手。目标客户公司中肯定有人与你的对手关系密切，因此会努力保住你的对手。在前文提到的假想案例中，在争取高级主管支持之前，你应该争取运营主管和 IT 主管的支持。

第二种策略是尽早获得执行层领导的支持，他们是你的保护伞，能确保你不受任何阻力，并在换掉竞争对手时更顺利。让我们再次使用上述的案例。假设你已经获得高级主管的支持，你从他那里得知运营主管和 IT 主管会反对变革，因为他们与你的竞争对手有着深厚的关系（现实中很可能存在的情况）。因此你可以决定避开运营主管和 IT 主管，直接获得问题 CEO 或者更高一级的人的支持。

第三种策略是让那些不急于变革但具有很高影响力的人参与到早期探索问题的会议中。通过在早期就让他们参与对话，你可以发现他们的抗拒和担忧，然后对症下药。尽早让阻碍者参与进来，然后赢得他们的支持，是我个人经历过的，这样做其他利益相关者和执行团队就能够从"反对"转变为"放弃反抗"。

也可以考虑早一点引入反对者，因为建立共识和管理变革过程绕不开反对者。共识并不意味着你需要一个一致的决定，而是指你有足够的支持去推行变革，而那些反对你的人会妥协——即使变革不能给他们带去好处，甚至会给他们带来新的挑战，他们也会选择以大局为重。在这个过程中尽早与反对者对话是很有益的。你可以说，"您团队中的一些人必须妥协，这是他们能为公司做的最好的事，否则您无法得到您需要的新结果"。在说服他们的过程中，我们需要什么样的帮助，我们如何减轻这种变革造成的挑战？

清除障碍

决定直面还是避开阻碍者

有一些反对者必须参与到销售过程中来，否则你就有可能失去机会。但也有一些反对者是你可以避开的，至少在他们没有构成威胁之前能避则避。

是要直面阻碍者和反对者，还是躲开他们？我倾向于前者。我相信我可以让人们转变想法，同意改变。但这种选择并不总是正确的，我就有过失败的经历。那次，我让一个反对者参与了早期对话，恰恰是我说的一些话，不经意间成了他们的把柄，让他们偷偷毁灭了改变的可能性。他们把我提供的解决方案交给了我的竞争对手，让他们做出了必要的改变，从而留在了合作伙伴的位置上。这是我做出的选择，它让我损失惨重。

某些情况下，避开反对者是有用的。如果反对者非常支持你的竞争对手，那么他们绝对不会同意做出改变，他们只会用你的解决方案武装你的竞争对手。当你确信一个声音大但实力弱的反对者不会造成什么伤害时，你也可以选择避开。有些人每经历一次改变，就会又叫又跳。就像那个喊"狼来了"的男孩一样，他们对每个想法的抵制、对每个改变的反对，使他们失去了真正的影响力。

在建立共识的过程中，你会做一些选择，这些选择可能会加快取代竞争对手的速度，也可能会导致阻力的产生。但要把目标客户从你的竞争对手手中夺过来，建立共识是你不可回避的。

减少挑战

你的团队应该和客户的团队合作，想出一些方法来获得支持，改善关系，减少对抗。考虑直面反对者的一个原因是你需要尽你所能来减轻你为他们带来的挑战。其中一些很容易解决，而另一些则可能很难应对。比如可能你的目标客户要更改开始执行解决方案的日期，这是一个相对容易的挑战。提供额外资源，比如培训或额外支持，也是一个比较容易解决的挑战。

然而，如果有人因为和你的竞争对手关系密切而反对雇用你，你就需要努力提高他对你的偏好。让一个非常支持你的竞争对手的人反过来支持你是一个巨大的挑战。如果他不相信改变是必要的，你就要帮助他理解其中的利害关系，激发他支持改变的意愿。即便他认为改变是必要的，但他和你的竞争对手的关系也会成为增加对你的好感度的障碍。这可能会花费你大量的时间和精力。

有时候，利益相关者面对变革的动议犹豫不决并不是因为他们非常喜欢你的竞争对手，而是在于你的解决方案会给他们带来问题。也许这改变了他们的工作流程，也许这意味着他们将失去团队成员，也许这可能要求他们在已经缺乏资源的情况下做更多的工作。通过与阻碍者接触，你会发现这些挑战，并要找机会减轻它们。如果你不知道问题是什么，当然也就无从下手。因此你必须搞清楚障碍是什么，努力解决它，与客户团队的其他成员一起提出可行的解决方案。你可能无法得到一个阻碍者的全力支持，但你可以想办法让他至少不再反对你。

你有客户的承诺吗？

你需要尽可能多地掌控整个过程。这不是叫你盲目地遵循一个固定的、预先确定的流程，也不是要你让客户确定最好的前进方向。

相反，它指的是你要适应目标客户的组织需求，同时指导他们做出必要的承诺以实现他们期望的结果。如果你认为你的客户有一个经过深思熟虑的计划，对更换合作伙伴有清醒的认识，那你就大错特错了。这里，我们需要的承诺是合作、建立共识和消除顾虑。

你首先需要获得的承诺是与你合作的承诺，这样你才有可能创建出比竞争对手更好的解决方案，从而说服利益相关者支持它。这个承诺和建立共识的承诺常常交织在一起。当你在与目标客户合作时，你同时也在发展共识，而反过来说，发展共识的过程其实也是合作的过程。

建立共识的方法之一是解除利益相关者的担忧。他们不支持你的原因可能是担心情况不会变得更好。他们担心换一个未经测试的合作伙伴会使公司面临风险，担心你的方法行不通，或者担心你不会在变革的过程中一直提供支持。不管他们的担忧是什么，如果不能有效地解除，那么要让这些心怀忧虑的利益相关者支持你就很难了。

你必须知道你需要什么承诺，从谁身上获得。没有正确的承诺，很难建立共识。你知道我们需要从每个利益相关者那里得到什么吗？你有发展共识的策略吗？

这一章提出了一个打通整个客户组织的策略，回答以下问题，你就会知道你需要贯彻的基本思想：

- 我们需要让谁参与？
- 我们需要什么来获得他们的支持？
- 我们应该按怎样的顺序开会？
- 这些会议的结果会如何？

当你制定一个战略时，你会发现有很多策略可供你使用，尤其是当你与一群聪明人合作时。你可以从首席营销官开始，请他说服掌权者允许公司进行投资以做出改进，这一投资将略高于他们在当前供应商身上的开销。你还可以用另一种策略，在获得足够支持之前将掌权者排除在外，直到你能够生成投资回报率分析来证明虽然你的价格高但反而能够降低总体成本。

当你建立共识时，要注意的是，不要一条路走到黑。运用多种方式，才不会走进死胡同。当事情没有按预期进行时，确保总是有备选路线可以选择。

我们是否曾努力让反对者放弃反对？

当某人受到你倡导的变革的消极影响时，通过减轻你带来的挑战，你可能会获得他的支持，前提是了解你所做的事情是如何引起问题的。

如果你正在阅读这本书，那么毫无疑问，你已经完成了获得利益相关者支持的工作。在我领导的一个交易中，利益相关者需要我们在多个地点提供支持。但为了让解决方案不亏本，我们仅对其中一个提供支持。这已经足够解决他们的挑战了，从而消除了他们的抗拒。

在另一个场景中，为了减轻一个部门的担忧，我的公司不得不同意使用客户的供应商提供的某项特定服务，即使它比我们惯用的服务低端且价格还更昂贵。使用这项服务只是为了减轻一个利益相关者对结果质量的担忧。使用他们的供应商跟输掉一笔交易相比不值一提，所以我们选择了前者。

当然，你并不总是能够减轻每个利益相关者的顾虑，也不是总能在发起变革的时候得到大家的支持，丝毫不需要承担风险是不可能的。

你不会总是得到每个利益相关者的支持。在某些情况下，你将需要某个来自客户团队的人来帮助你赢得大家的支持，或者至少让他们不要反对。如果你希望有人出面干预，以获得支持或让反对者放弃反对，你必须找到这个人，直截了当地问："我能否请您要求IT部门的汤姆支持我们正在尝试进行的改变，或者至少不反对？我担心如果他固执己见，继续反对我们正在做的事情，我们将很难向前推进。"

实现这一点的最佳方法之一是获得高层的支持，我已经在前文说过了。当你要移除当前的供应商，改变现状以产生更好结果，你偶尔会需要更具挑战性的对话。

总是有途径通向签单这个结果的，只是可能很难找到，或者不太好走。

> **行动起来**
>
> 1. 列出你现在正在联系的潜在客户公司的联系人名单。
>
> 2. 确定采购委员会成员和问题 CEO。
>
> 3. 列出你需要的结果清单，以确保采购委员会会选择你。
>
> 4. 列出你需要与这些联系人进行的会议以及会议的顺序。

第3部分

用无形的武器赢得销售大战

第九章 | 让用户对你产生偏好

我们常常忘记，销售行为就是在创造一种偏好——与我们合作，而不是与我们的竞争对手合作。这在取代竞争对手的过程中尤其重要，因为偏好就是我们渴望的唯一结果，注意力份额决定了我们能赚多少钱。而无形资产是创造这种偏好的决定性因素。在本章中，你将学习如何使无形资产成为你的竞争优势。

你的客户是在"购买"你

我们要讨论的这个问题很少被谈及，也没有得到应有的关注——你才是价值主张中最重要的部分。事实上，你是客户考虑的主要因素之一。听起来让人吃惊？我猜这是你第一次听到这样的论点吧。不管你是否愿意相信，事实就是你的表现在决定是否换掉现有合作伙伴的过程中是个分量很重的砝码。

介绍你公司的幻灯片很有可能包含了一幅公司总部的照片、领导团队的组织图以及公司分支地址列表，还有一张幻灯片显示了你公司服务的那些大客户。所有这些都是为了证明你是值得信赖的，为了说服潜在客户与你一起工作。这些幻灯片是为了回答这个问题："你们公司为什么要和我合作？"

在介绍完你公司的历史之后，幻灯片可能开始介绍产品和解决方案。如果产品本身是价值主张，那么你可以扮演一个订单接受者的角色。如果你的产品非常出众，引得客户争相购买，那么你的潜在客户不会把你当作商品看待。产品的功能和优势如此明显，以至于你的潜在客户会调整自己的操作方式以获得产品。如果你没有那么好运，在你展示产品的时候客户没有蜂拥而至，那么你的产品就不是你的价值主张。

你的公司虽有着悠久的历史和有威望的领导者，但不足以促使你的梦想客户撤掉你的竞争对手，你的产品和解决方案也不足以促成改变。真正的价值在其他地方，而提供真正的、更高的价值是发起变革的必要条件。现在我们需要回到本书开始时讨论的四重价值。

在第一价值层级销售，使你成为商品，而商品是无法迫使变革发生的。第二价值层级通过服务和支持提供更好的体验，但是除非你的竞争对手糟糕到对你的目标客户造成了严重的损害，否则这个途径还是相当冒险的。很长一段时间以来，我们的销售水平都徘徊在第三价值层级。但是因为大家都在产生相同的可见结果，所以我们在这个价值层级上也被商品化了。不同销售人员提供的解决方案的投资回报率可能差异很小，这使得客户很难下定决心启动变革。

第四价值层级是你成功取代竞争对手的关键，因为你能创造你的竞争对手无法创造的战略价值，这会让客户意识到变革的必要性。它把价值主张从客户能感知的商品转变成了具有战略意义的无形的未来。这种无形资产会迫使客户改变，也会让你区别于竞争对手。而你，是无形资产的创造者。

这本书的前面部分具有战术性和实用性，这些章节中提出的框架告诉你，你需要做些什么来取代你的竞争对手。而这一部分将告诉你，你需要成为什么样的人才能完成前几章的内容。如果你本身能主张价值，并且你有足够的洞察力去捕获客户的注意力，你很有可能会产生超乎想象的结果。

注意力份额与成为 52% 的专家

我注意到一个特殊现象：随着销售的解决方案趋于技术化，我们越来越多地依赖专家来领导销售行为。在许多销售组织中，销售队伍已经变得如此依赖专家，以至于他们无法在专家缺席的情况下打任何一个销售电话，他们害怕没办法回答客户的问题。面对客户方的代表时，销售方常常会派出更多代表。以压倒性的姿态出现只会让你散发恐惧的气息，而且还暗示了一些更糟糕的事情。

如果你无法提出有效的建议，就不能成为值得信赖的顾问。你对解决方案的技术方面的知识不需要达到专家水平，但你不能一无所知，你需要至少掌握专家 52% 的知识。这意味着你需要完全熟悉第一和第二价值层面的问题，任何客户都可能在专家缺席的情况下询问这些问题。你必须能用建议证明你有足够的知识和经验帮助你的目标客户产生更好的结果！

我再进一步解释一下这个概念。如果你就是价值主张本身，那么你必须让客户相信你在特定领域比他懂得多。如果你什么都不知道，或者比客户知道得少，那客户为什么需要你呢？你不止多余，而且麻烦，你没法为客户铺平道路。要成为专家，你必须深入了解会导致客户改变的趋势、不解决这些趋势的后果以及进行变革时可用的最佳方案。你还需要对你的解决方案烂熟于心，以便将它与客户需要的结果联系起来，并解释这些解决方案如何产生战略结果，从而将客户带入更好的未来状态，进而证明你的解决方案值得客户离开当前的状态。

那么，如何才能成为 52% 的专家呢？你要如何掌握足够多的知识才能让你看起来和专家一样呢？做到这一点并不需要魔法的帮助，事实上，你只要多花点心思就行了。每次你与专家一起给客户打电话或拜访客户时，写下专家对潜在客户提出的问题的回答。除非有来自客户一方的技术人员在场，否则这些问题肯定是第一和第二价值层级的问题，都是相对容易回答的问题。之后回顾一下整个过程，确保理解客户为什么问这些问题、专家为什么给出那些答案。

你这样做了几次，就会知道专家的一些技巧了。当你能回答第一和第二价值层级的问题时，在初次销售对话中你就不再需要专家协助了。

避免无关信息

在以下领域你需要成为专家——

会影响客户业务的趋势

你必须深入了解那些影响你梦想客户生意的趋势以及这些趋势所带来的挑战和机遇。通过多了解你的潜在客户，你就可以说服他们把跟上趋势所要做的工作外包给你。这些趋势不但会提供变革的理由，让你获得新业务，还会为未来的变革提供基础，让你通过不断创造新价值来留住客户。在"我现在为什么要改变"这个问题上，你需要成为专家。

如何改变

仅仅坚信你的梦想客户会离开你的竞争对手并雇用你作为他们的新战略合作伙伴是不够的，你需要知道他们有哪些选择以及如何帮助他们在组织内部完成变革，你还需要知道各种可能性以及你的客户在这些趋势的驱动下如何产生更好的结果。在早先的一个例子中，我写到了退休潮的严峻后果，并指出公司需要通过招聘新人来应对这种趋势，同时还要培训新人以适应新趋势。这可能意味着改变招聘策略，调整员工价值主张，设立培训课程。对于什么是正确的选择、如何替客户或者和客户一起执行变革，你需要有强势的见解。这不仅需要商业头脑、需要知道正确的答案是什么，还需要情景知识，也就是围绕正确的解决方案进行权衡和决策所需的知识。

如何确保更好的结果

你能做的最重要的改变之一就是变换视角去看客户的挑战和机遇。大多数销售人员倾向于观察客户，判断他们是否需要改变，并向他们推销解决方案。实际上，你需要根据他们所需要的结果来看待他们的挑战。

结果是把所有事情联系在一起的纽带。迫使客户改变的趋势，也要求客户创造新的、更好的结果，而你的解决方案则应该助推结果的产生。只推销产品，相当于在没有就客户需要做什么达成一致的情况下提出解决方案，这就本末倒置了。

为了知道客户需要的结果并把它与你的解决方案联系起来，你必须是一个52%的专家。要帮助客户获得理想的战略成果，你必须清楚什么产品或解决方案对客户最为有利。以客户正在寻找的结果为起点，将产品或解决方案与结果匹配，然后再去解决如何迫使客户改变这个问题。

无形资产

大多数销售人员都认为销售是一门科学。他们希望将一组复杂的、动态的、非线性的人际交互整合成一个工程化的、一致的、可重复的流程，从而每次都能产生正确的结果。但销售不是科学。即便流程对两者都很重要，但销售与科学毫无相似之处。

在科学中，如果做实验，就会得到结果。如果重复那个实验并产生同样的效果，就可以发现一些科学真理。如果其他人在相同的条件下做同样的实验，并且产生相同的结果，就有科学证据证明假设是正确的。如果做"A"，就会一直得到"B"的结果。而在销售中，你可以在不同的交易中做同样的事情，却会得到完全不同的结果。

我并不是建议你抛弃销售流程、方法和框架，毕竟，这是一本由这些东西组成的书。但更重要的是要理解，销售人员可以使用相同的流程为同一家公司销售相同的产品，但可能产生截然不同的结果。这清楚地表明，销售不是一门科学。著名物理学家奈尔·德·葛拉司·泰森（Neil de Grasse Tyson）说："当人类行为被代入科学方程以后，结果就变得非线性了。这就是为什么物理很容易，而社会学却很难。"

你的理想客户需要一个强大的理由来换掉他们合作多年的伙伴，然后和你一起工作，并让你成为他们团队中的一员。如果达到了这样的结果，那恭喜你，你就是价值主张的重要组成部分！

讨人喜欢与和谐的关系

在很长一段时间里，我们谈到销售时都会说："你需要被了解、喜爱和信任。"很久以来，这都是对的。但现在，它只有部分真实。除此以外，你还需要创造经济价值，有洞察力和好点子，能够帮助客户改善他们的业务——你在这本书的每一页都能看到以上信息，这些是让你成为被信赖的顾问的关键一环。

是否能取代你的竞争对手，绝大部分取决于做出这个决定的联系人是否对将来和你一起工作有积极且正面的期望。在早期会议中，你分享你的见解，与客户建立共识，这种期望也就随之形成了。

想象一下，你很喜欢某个推销员，与他每天一起工作一点儿也不难，如果有可能的话，你会雇用他加入你的团队。另一家公司的推销员虽然很聪明，但你不想每天和他一起工作。如果你可以选择和谁做生意，那么在同等条件下，你一定会选讨人喜欢、与你关系融洽的那一个，尤其是在要长期合作的情况下。关系融洽之所以重要，是因为人类很看重彼此之间的关系。

"讨人喜欢"还有另一个方面需要探讨。要注意，"讨人喜欢"和"需要别人喜欢"之间是有很大区别的。性格开朗是一回事，成为一个讨好别人的人是另一回事，后者是成功路上的绊脚石。需要别人喜欢，这会让你不惜一切代价避免困难的对话和冲突。讨人喜欢的意思是你有能力与人沟通，倾听和理解他们的需求，关心他们，让他们觉得你很重要，从而与你和睦相处。这些特质使得冲突爆发时，讨论问题变得更容易。

讨人喜欢是一种竞争优势，需要别人喜欢则是一个巨大的劣势。

商业头脑

我们在本书中花费了相当多的笔墨讨论商业头脑，尤其是在本章。你现在应该知道创造和赢得新的机会在很大程度上是衡量你商业头脑的一个标准。你也应该明白，为你与客户的关系奠定基石的是你作为一个值得信赖的顾问和战略伙伴的能力。

让我们回头看看两个推销员，一个是你喜欢的，一个是你不太喜欢的。如果你喜欢的那个脑中空无一物，而你不喜欢的那个则是位冷若冰霜的专家，怎么办？你一定感到矛盾极了。

让我们在这个剧本中添加第三个销售人员。你喜欢这第三个销售人员，而且他很聪明。这个人解决了你的矛盾，不是吗？讨人喜欢和聪明不是不可兼得的。

关怀

请你思考一下"偏爱"的力量。你的梦想客户可以选择与以自我为中心的人共事，这样的人关心合同上的签名比关心结果要多；或者，也可以与以他人为中心的人合作，这样的人一心想帮助他人实现更好的结果。如果你的目标客户在雇用你之后，要与你和你的公司共事多年，那么他们做决定的前提一定是他们是否希望你成为他们团队的一员。

如果是这样，他们又怎么会选择一个把他们像一纸合同那样对待的人呢？与本章描述的每一个无形资产一样，具备这种属性很可能会让客户对与你一起工作产生偏好，尤其是当他们的现任合作者骄傲自满，早已不关心客户，以为自己对客户的业务有某种控制权的时候。

态度

任何人都不可能喜欢和悲观、愤世嫉俗、多疑和不友好的人一起工作。你在追求你的梦想客户时，他们会思考是否让你加入他们的团队。为什么他们要选择一个态度消极或精神萎靡的家伙呢？

你是谁比你销售什么更重要，你通过销售过程来展示你自己。这在很大程度上导致了客户的偏好，这也是前几章中提到的让客户决定把合作者从你的竞争对手转向你的决定性因素。积极、乐观、面向未来、能干、勤快、负责任，这些都有助于客户产生与你合作的偏好。

这里需要特别注意的是，如果你对自己的工作不熟悉，对自己正在做的事情没有激情，你的潜在客户都会看在眼里。你的潜在客户已经受够了现任合作伙伴浪费他们的时间、走过场、打卡上下班的态度。

在我写这本书的时候，很多有关销售的文章都说你不再需要热度交际，我必须要纠正这个错误的观点。要知道，你确实需要一种乐观、投入和热情的正能量，你需要让客户看到、感受到你积极的态度。

最后说一句，你的态度应该在每一次与客户的互动中都能被看到和感受到，你不能在任何工作日萎靡不振。

在客户身边

我曾经有一个潜在客户对我说:"我不敢相信你开车跑了这么远的路来看我,你不需要这么做。"事实上,让他说出这番话就是我这么做的原因,我知道没有人会开车跑那么远的路去见客户一面。我想你已经猜到了,我们最后成了合作伙伴。

我们生活在一个被技术主导的时代。我们所有人,已经在无意识中变得离不开电视、电脑、手机这三块屏幕了。

技术改变了我们用来交流的媒介。现在,不知不觉中,电子邮件已经成为商务对话的主要媒介。用电子邮件进行销售对话的确速度很快,但牺牲了效果,这是你永远不应该做的选择。

如果你试图让潜在客户对你而不是你的竞争对手产生偏好,你必须要有存在感。只有在客户身边,才能证明你全心全意为他们及他们的业务服务。真正关心客户的人才会花时间查看设施、与利益相关者见面并发展关系、了解他们的业务和需求。向潜在客户表现你的关心很重要,我无法想象从未去过客户公司、与客户公司员工建立关系的人能够取代竞争对手。不在客户身边,却想赢,怎么可能?你只会面对更大的困难。

曾有人言,出现在客户身边是通往成功的重要一步。这话从来没有失去过它的真实性。

你的销售过程

与客户打交道的过程可以成为你的一个优势。最近我收到了一位销售人员的电子邮件，他在获客上举步维艰。他在电子邮件中向我详述了他与客户打交道的过程，其中包括让客户给一个报价的机会，但他的这个请求不断遭到拒绝。这在 B2B 行业是一个比较极端的例子，他的方法更像是在做 B2C 销售。这个过程不能为客户创造任何价值，反而降低了创造机会和建立偏好的可能性。

想一想你有什么机会可以让客户对你和你的公司产生偏好，让客户相信你的解决方案是最适合他们的？第一个机会来自与客户的互动。你如何进行这些互动？你是否帮助他们理解了他们应该改变的原因、他们应该如何改变、他们有哪些选择以及如何产生突破性的结果？你是否在变革的过程中向他们提供了帮助，确保他们知道需要投入什么？你可以提供顾问性服务，但是否常常做不到？

你可以考虑一下你公司的销售流程，但我更想让你反思一下你是怎么做的。决定从你那里买东西（而不是继续从你的竞争对手那里购买），归根结底是因为你的梦想客户认为你是一个更好的合作伙伴，你们可以一起走向美好的未来。你需要以某种方式和他们交流，让他们逐渐喜欢与你共事。你对于为了创造一个更好的未来状态需要做什么的理解以及达到这个状态的步骤，是你的无形资产，它使胜利的天平朝着你的方向倾斜。

领导力

领导力似乎不是销售组织会训练销售人员掌握的能力。我们不认为销售人员是领导者，但这并不意味着客户不珍视销售人员的领导力。如果我们必须汇总所有潜在客户可能不满意他们现有合作伙伴的原因，你可以给这些原因冠上"领导力缺失"的总标题。竞争对手领导力的缺失为你铺平了取代他们的道路。

为什么？因为领导力是产生理想结果的主导因素。即使你看过无数的书籍、博客和领英帖子描述如何使人成为伟大的领导者，比如远见、人际交往技能和性格，但其实所有这些属性都服务于一件事——为创造更好的未来状态负责。作为推销员，你要做的事没有什么不同。愿意领导变革，愿意为产生更好的结果而负责，这将使你在竞争中占有巨大的优势。如果你的目标客户的现任合作伙伴不愿意或者不能领导他们的团队和客户的团队产生更好的结果，你的领导力就会让客户想要和你一起工作。

当客户选择你取代他们的现任合作伙伴时，是相信了你会产生你承诺的更好的结果。他们知道你会竭尽所能达到这个结果，你会与他们一起工作以影响他们的团队做出改变。他们想要一个伙伴，而不是那种一旦在合同上签了名就消失的人。

正如我的朋友马克·亨特（Mark Hunter）所说："销售就是领导力，领导力就是销售。"领导力，成为领导者，是一个强大的无形资产。

足智多谋

我曾经和一群特种部队士兵交谈过，我发现"想办法搞定它"是特种兵的基本行动原则之一。他们被派去完成一些任务时，已经预计会遇到意想不到的挑战，而且很难得到支持，也没有简单的解决方法。所以，他们必须自己弄清楚在最困难的情况下该怎么做。对于销售人员来说，这也是一个很好的行动准则。

如果你的梦想客户知道如何产生他们需要的更好的结果，他们早就这么做了！如果他们知道如何在内部开展对话，并围绕这一倡议建立共识，那他们还在等什么？此外，如果你的竞争对手知道如何帮助客户做得更好，并且很上心，已经在推动变革，那么你的目标客户就不会需要你。但真实情况不是这样的，这就是你出现的原因。

取代竞争对手的一个好处是，它是建立在解决长期悬而未决的问题之上的。创造并赢得机会的前提是想办法找出帮助客户进行变革的途径，特别是当阻碍者和反对者盲目地保护他们的利益时。因此，销售与特种部队士兵有一定的相似性，你的销售流程并不能保证解决你所面临的挑战。

我可以笃定地说，你的潜在客户正在寻找一个有智慧的人，一个能帮助他们改善结果的人。你不仅需要足智多谋，还需要在问题暴露出来的时候当即做出反应。也就是说，你要有很好的主动性。

你如何向潜在客户证明这一点呢？如何让他们认识到你不是一个被动消极的伙伴，你不会等到问题出现之后才采取行动（他们可能已经经历过这样的情况，这也是他们现在所面临的挑战和挫折的根源）？在整个取代竞争对手的过程中，你必须证明你是积极主动的，你是严谨的，你非常注重细节并能勇敢面对各色挑战。

体贴

体贴也是关心他人、以他人为导向的表现，但它没有得到足够的重视。在生活中，真正重要的其实是细节，有时一个微小的手势承载着巨大的影响力。

当你要感谢客户的时候，手写卡片和发电子邮件是两种完全不同的方式。在去见目标客户的路上，发短信问他们想喝什么咖啡就是关心的实际表现，更重要的是，记住他们的喜好，下次见面就不需要再问了。要记得常打电话保持联系。还有，无论承诺多么微小，都要恪守。

幽默感

如果一定要说一个让客户产生偏好的最有效的无形资产，那就是幽默感。说得更简单点，就是让他人开怀的能力。你的梦想客户在雇用你之后必须与你一起工作，你需要成为他们想要共事的人。

他们不会想和一个没有幽默感的无聊之人一起工作吧？

当你追求你的梦想客户时，总会有这样那样的问题。遇到问题的时候，能活跃气氛的人总是很容易赢得客户的好感。当然，前提是你没有在专业上犯错。适度的插科打诨能缓解压力，也可以证明你解决问题的乐观态度和坚定信心。

我最喜欢的一本书叫《小王子》，它是由一位叫安托万·德·圣-埃克苏佩里（Antoine de Saint-Exupery）的法国空军飞行员写的。书里我最喜欢的一句话正好总结了我在这一章里说的那些无形资产：重要的东西是肉眼看不见的。（What is essential is invisible to the eye.）

> **行动起来**
>
> 1. 写下三四个你需要学会的技能，以便成为那个 52% 的专家。
>
> 2. 列出你现在欠缺且希望有所改进的属性清单。

第十章 | 成为客户的良师益友

如果你听到销售人员谈论他们想如何推销，你一定会听到"顾问式"和"可信赖的顾问"这两个词。如果你逼他们描述一下什么样的销售方法是顾问式的，那么许多使用这个词的人会哑口无言。在大多数情况下，人们所说的"顾问式销售"的意思是，不那么咄咄逼人的销售行为。他们说对了一部分，但不完整。

顾问式销售人员不等同于非进取型销售人员。不推着客户变革可能会让客户认为你厌恶冲突，倾向于避免艰难的对话，并且强烈需要客户的喜爱。真正的顾问式销售意味着成为一个值得客户信赖的顾问，这比大多数人想象的要求要高得多。仅仅知道如何将你的解决方案与客户的需求联系起来，还不足以让你打开信任的大门。成为建言者并不简单，需要更多的商业经验和情景知识，这是大多数销售人员所不具备的。你需要具有信息优势，也就是说在客户的业务领域，你要比客户知道得更多。如果客户比你懂得多，那你如何成为他们的顾问？你能给他们什么建议？你必须更多地了解你和客户所在的行业之间的交汇点。

在本章中，我们将致力于让胜利的天平向你这边倾斜，并帮助你成长为一个值得信赖的顾问式销售人员。

如何获得建言的能力

我们看回第二章，你被要求确定未来18~24个月内会影响你梦想客户业务的4~5种趋势，以此帮助客户意识到改变的迫切性，并开始取代你的竞争对手。当你把客户未来的挑战和你对这些挑战的想法和最佳解决方案联系在一起时，你就是在做一位值得信赖的顾问应该做的事情了。通过提供洞察力来帮助你的潜在客户规避风险、把握机会，你就是在塑造未来。

对你创造的战略结果了然于胸

你已经知道你创造的价值是分层级的，前三级价值是有形的结果。这些有形的结果可以很容易地表现为增加收入、增加利润、降低成本，这些是价值的主要驱动力。但是战略结果则不同，它可能并不容易衡量。例如，增加市场份额是一种战略结果，这个结果可能远比节省成本更重要。市场份额可以衡量，虽然它不像节约成本那么容易测算。

高层领导者所追求的其他战略成果不像收入、利润和成本那样直接和有形，他们可能正承受着留住客户、开发新产品、加快上市速度、开拓新市场、将新产品推向市场或开发新战略的压力。现在，许多领导者正试图在市场份额被更敏捷的竞争者抢走之前，打造数字化业务。

你可能知道、也可能不知道客户的领导团队的专注点是什么，但是你必须善于把你的解决方案与客户的战略捆绑在一起。如果他们想"留住他们的客户"，作为一个战略举措，你必须说："我们与您分享的技术趋势显示，如果您不能满足客户在网上订购和沟通的期望，您将会落后于您的竞争对手，并失去顾客。"

战略成果比有形成果本身更有价值的原因是，它更加系统、更加重要。它迫使改变的发生，仅仅提高前三级价值则做不到这一点。从战略层面启动变革将有助于你从销售人员转变为值得信赖的顾问。

服务客户并控制流程

你的梦想客户在他们的职业生涯中会向你购买多少次产品？这个数字可能低至两三次，也可能是五六次。在你的职业生涯中，你会销售你的产品或解决方案多少次？也许是数以百计，也许是数以千计。

如果你不愿意在服务潜在客户的过程中处理冲突，你就不能成为顾问式销售员。我们必须花一些时间来讨论冲突和合作以及两者之间的交集。冲突是企业的一部分，也是销售的一部分，因为它深深根植于人类的行为之中。在销售中，冲突到处可见，无论冲突大小，你都不能置之不理。记住，有冲突就有合作。

你会遇到冲突的第一个场景是当你要求潜在客户花时间考虑变革的时候。如果他们有多年来一直合作的伙伴，并且关系融洽，那你的要求就无疑会对这段关系构成威胁。如果你一出现就侃侃而谈需要改变，那么仅仅是这个想法就会导致冲突，特别当你的意思是客户现在正在做的事情在某种程度上是错误的。即便你没有暗示你是变革的关键，这也完全可能被视为一种攻击。随着冲突的发展，这些问题将渐渐弱化，并最终得到解决。不要让你的潜在客户觉得你对新的可能性的探索是对他们现在所做所为的威胁，也不要让他们觉得需要保护现有的合作伙伴，要做到这两点的方法之一就是将对话以探索的形式进行。通过暗示你仅仅是在探索想法，就可以让对方放下一些防备。你可以告诉对方，对你要探索的东西有很多可以分享的内容，这样可以防止他们感到受到威胁或认为你不尊重他们。顺便说一下，这让你更讨人喜欢，并让你们的关系更融洽。

接下去，当你开始开发解决方案时，就什么样的方案是正确的可能又会引发冲突。当你努力与客户建立共识时，阻碍者和反对者可能会引起不小的冲突。由于这样的冲突，我赢得过生意，也失去过生意。有一次，我的目标客户说："雇用你就是政治自杀。毫无疑问，你是更好的选择，但如果我跟老板作对，我会丢了我的工作。"因此，我输了这一局。不过，我们在其他领域达成了合作。

在价格和条款上几乎总是存在冲突，因为我们作为销售人员，几十年来一直默许客户为他们需要的结果投资不足，并向他们承诺更好、更快、更便宜。他们现在理所当然地认为他们应该寻找更好、更快、更便宜的东西，这奇怪吗？要客户做足够的投资，是另一个冲突之源。在像我们这样的法治社会，你会在条款上发生争议，尤其是在赔偿和风险方面。我将这些冲突描述为需要控制的一部分，是因为你的目标客户公司内部的联系人将试图避免冲突，并且在这样做时可能会产生更大的冲突。

客户如果认为只要你给他们最好的点子就行了，而完全没考虑可能需要的配置和设施，那当客户打开解决方案的时候，就会发现它不适用于他们的业务领域。你的方案只好以提案的形式躺在会议桌上，无人问津。不过，这是因为你没有考虑利益相关者的需要，那他们反对你的动议有什么不对？

当你很难让你的梦想客户说服其他利益相关者时，你就离失去这个机会不远了。这表明你的梦想客户想避免处理建立共识过程中的冲突。

而以上这些冲突的源头是由谁来控制呢？你的目标客户不想处理随着变化而产生的冲突，这会削弱变革的势头。作为可信赖的顾问，你必须努力控制整个流程，参与应对冲突，帮助客户公司内的联系人杀出重围。

你能想象当客户做出一个又一个错误的决定时，他们信赖的顾问却因为不想面对冲突而什么也不说吗？你能想象一个值得信赖的顾问因为迫切地想要得到客户的业务，而对客户所犯的错误置之不理吗？一个有建议能力并渴望成为受人信赖的顾问，无论发生什么事，无论面对怎样的强权，都必须说出事实。你完全可以挑战客户，而不让客户觉得你咄咄逼人。

合作的方式

咨询式的销售需要合作，你是在与你的潜在客户合作解决问题、应对挑战以及争取机会。他们是整个过程的一部分，他们需要参与变革。

合作是冲突的解药，也是让你成为顾问型销售人员的一环。我们说过，顾问的角色需要信任与建议。合作能创造更多信任，同时提高你帮助客户根据你的建议采取行动的能力。

合作意味着运用你的智慧，与梦想客户一起甄别选项，做出最好的决定。我们大多数人面临的挑战是，我们很快就认定我们知道正确答案，然后就止步不前了。因为我们以前见过某个客户的挑战，所以我们认为我们可以将先前的经验应用于类似的挑战，而忽略了分析我们在前面章节中所说的四个象限。人类擅长归纳，这很有必要，也很有用。因为擅长归纳，所以你不需要每次遇到一扇新的门时都重新评估门把手是如何工作的，因为它肯定会像其他的门把手一样工作。重点是要记住，销售不是你加之于客户身上的东西，而是你为他们做或者与他们一起做的事情。我们很关心"与他们一起做"这个部分，因为它是顾问的使命。尽管你知道什么对以前的客户有用，但现在的客户可能比你更清楚他们自己需要什么，所以你的想法以及他们现在可以执行的内容都需要进行调整。同样重要的是，你的潜在客户要对解决方案做出贡献，给他们机会分享想法，让他们自己发现向前推进所必需的东西。如果你急于略过这个过程，你就剥夺了客户的权利和机会。合作会增加你坐下来与竞争对手的客户共进午餐的可能性。

顾问式的方法会让你自如地提出建议，同时也应邀请客户说出他们的想法、创意、喜好。这种方法有很多积极面。首先，通过邀请你的梦想客户加入了整个流程，他们就对此进行了投资。他们对流程、结果和解决方案都有了部分所有权，这会增加他们追求和捍卫变革的决心。其次，合作的过程增加了参与度，也减少了阻力。由于很多销售人员使用高压策略，以自我为中心，因此"推销员"这个词承载了太多的负面含义。通过合作探讨接下来应往哪里走以及如何到达那里，你让客户明白他们没有失去控制权。通过与客户一起工作，你避免了他们的抵抗，因为前进的决定是你们一起做出的。最后一点是，我们常常认为经验会告诉我们正确的答案，告诉我们客户需要做什么以产生更好的结果，但我们往往对他们的业务细节没有足够的认识，即使我们认真了解过他们的行业。在某些方面，客户比你知道得更多，比如他们的流程和复杂的利益相关者网络，这些利益相关者将受变更决策的影响。我们也许并不清楚我们的建议可能会给他们带来什么样的挑战。你的解决方案可能完全正确，但在某个特定公司如何执行这个解决方案你可能就要大错特错了。合作会帮助你跨越这条知识的鸿沟。

合作可以帮助你找到前进的道路。合作是解决冲突最有力的方法之一，也是顾问型销售的重要工作内容。

公正性

曾经有一个潜在客户需要帮助，我已经跟这个客户很久了，因此很兴奋能有机会与他们合作。当我们讨论公司的需求时，我很快就发现我的公司不是满足客户需求的最佳选择。我主动提出向他们介绍一家更合适的公司。正因为我的这个举动，我的联系人反而更努力地推动我与他们公司的合作。看到了吗？但因为我不是他们正确的选择，我婉言谢绝了合作的提议。

如果你想成为顾问，就必须公正。我们要好好谈一谈这一点，因为可能有点难懂。看起来好像你会被拉向两个不同的方向。因为作为销售人员，你必须真诚地相信你的公司和你所做的一切。你必须相信你比你的竞争对手强，你是公司的忠实拥护者。同时，你也必须记住给你的目标客户提供最好的建议是你的工作，可能有时最好的建议是什么也不要做，或者把他们介绍给别人，或者婉拒他们的生意。让我们来看看以下场景。

在场景1中，你碰巧在梦想客户非常需要帮助的时候出现了。客户要求你降低商品价格，因为他们正在经历亏损，但他们不能通过涨价来弥补亏损。在这种情况下，你的竞争对手可以提供更低的价格，但实际上却会增加成本，因为他们的产品是劣质的。你的解决方案价格虽然更高，但实则会降低成本，消除返工量。通过减少客户在这个过程中的损失，你可以帮助他们获利。在这个场景中，较高的价格对客户有利，并且你有责任让目标客户明白，从长远来看，较低的价格对他们没有好处。

现在让我们看看场景2。你会遇到和我刚才描述的类似的情况。客户要求降低商品价格，因为他们正在经历亏损，但他们最大的客户不容忍价格上涨。虽然你的解决方案比竞争对手的低价解决方案能在更长的时间内有效，但你能提供的产品没法帮助他们降低价格。在这种情况下，虽然你销售的产品的耐用性从长期来看将降低成本，但短期内成本将转嫁到你客户的客户身上，而他们不愿意承担这个成本。也就是说，客户不可能通过购买你的高价产品产生他们需要的结果。你的梦想客户需要的东西——低价产品，是你给不了的。在这种情况下，虽然这个价格比较高的产品对客户的客户有好处，但不会给你的客户带来好处。

现在让我们来看一个更困难也更有趣的场景。假设你销售的是服务，你的竞争对手以更低的价格销售类似的服务。然而，你的服务能提供更高的价值、更多的关怀。和你做生意更愉快，也有更好的体验。除了体验更好（二级价值）之外，你和对手能提供的结果（三级价值）是完全相同的。在这种情况下，如果认为你的低价竞争对手是一个更好的选择，那就不公正了。你的价格更高，是因为你创造了更大的价值。

我把这一点作为重点来讨论。太多的销售人员在竞争激烈的红海中存活，很多人认为只要价格比竞争对手高，他们的公司就没有竞争力。他们认为"足够好"就行了，而能创造更大价值的"一流"解决方案不值得付出更多来获得。相信较低的价格就是更大的价值的想法从根本上是错误的，是不公正的。这等于在说销售人员等同于他们提供的产品或服务，并且认为销售是容易的。

如果你试图出售的产品或服务不会让你的梦想客户受益，就不要卖给他们。如果别的东西会产生他们需要的结果，但是获得它意味着从别人那里购买，那就建议他们这样做，你不会失去你作为值得信赖的顾问的角色。如果你的产品比较难卖是因为它创造了更大的价值，要价更高，那你应该坚持你的解决方案，努力凸显你创造的价值，尽你所能把解决方案卖给你的梦想客户。

证明客户投资不足

你必须能够说服潜在客户加大投资，以产生更好的结果。销售人员最常犯的错误就是默许他们的客户在他们需要的结果上投资不足，造成这一结果的其中很大一部分原因是销售人员无法确定客户当前的投资和他们实际需要的投资之间的差距。要测算这个差距需要做很多工作，也需要很大的信心。

如果你的理想客户没有得到他们需要的结果，原因之一可能是他们没有投资足够的钱来产生这个结果。每一项业务中，都有软成本，难以捕捉和量化。每个人都知道它的存在，但是他们也知道降低软成本可能需要投入额外的金钱、时间和精力。

我这辈子大部分时间都在做人力资源的生意，所以我在这里以此为例。派遣制的临时工的价格可能比正式雇员的工资高出50%。我曾经向一个国际大公司的人力资源部副总裁展示我们的定价，这位副总裁说："你们的价格太离谱了！你如何证明你们值这个价呢？"我回答说："我们做广告、招聘、进行背景调查、支付员工福利、缴纳税费、支付补偿金，并保持大约4%的净利润率。您招聘全职员工带来的负担有多大呢？"这位副总裁看着我说："我明白了。"我们的价格比一个满负荷员工需要支付的完整福利费用低24%。这就是我们有关价格的对话。

人事变更是很昂贵的，它意味着招聘、培训，还意味着生产力的损失。某些岗位，比如销售总监，关键职位的缺失等于错失百万美元的机会成本。

- 当客户需要某个产品却没有时，成本是多少？
- 产品失败的代价是什么？
- 更换产品的成本是多少，与失败相关的成本是多少？
- 客户要求返工或退货所造成的成本是多少？
- 机会成本是多少？

- 建立应急系统会给客户造成什么样的挑战和困难？

你的工作就是确定你的目标客户目前所做的投资和他们需要做的投资之间的差距。成为顾问型销售在这里意味着扩大思考范围，包括金钱、时间和精力等各方面的投资。有一次，客户觉得我们太贵了，我们就告诉他们，如果不在我们身上花钱，他们就需要花更多的时间和精力来照顾他们的员工。投资我们，我们会带来更好的结果，而人们却容易错误地认为自己来做这一切会更便宜。

创造价值

你必须有能力产生真正的结果。

要成为顾问，一个最重要的因素是为你的梦想客户创造价值。你创造的价值不仅存在于产品之中，更体现在你为客户产生的战略结果之中。价值也是衡量你的身份和销售方法的标准之一。

这使得你知道需要做什么以及为什么这样做。你关于如何产生新的更好的结果的专长也是一种价值衡量标准。只知道该做什么，却不知道如何帮助客户对公司进行必要的变革，这是没有价值的。知道需要做什么，却缺乏让客户改变的能力，可能正是你的竞争对手的软肋。而你知道客户为了产生更好的结果需要做的改变，并能帮助他们做出更好的决策，这才是价值。在红海里，要做大白鲨，而不是沙锥齿鲨（一种隐藏在暗礁底部的无害物种）。要成为咨询师和可信赖的顾问，你需要创造比其他人更多的价值，需要对过程进行协调控制，需要保持公正，并且证明你的解决方案优于客户现有合作伙伴的方案。所有这些差异会让你参与到执行工作中，也就是我们下一章的主题，它同时也是无形资产，让你的梦想客户感知你和他们现在的供应商之间的巨大差异。

> **行动起来**
>
> 1. 你帮助客户创造的 3 个战略成果是什么？
>
> 2. 客户是否认同你来控制流程，以确保产生更好的结果？他们需要就此做出什么样的承诺？更多关于控制流程的信息，请前往 www.thelostartofclosing.com 网站，深入理解并得到 10 项承诺的指南。

第十一章 ｜ 培养领导者风度

如果你想从竞争对手手中夺取业务，你必须成为你的梦想客户愿意去争取的人。领导者风度是指能够将自己展示为具有知识、技能和能力的人，以协助你客户的公司向前发展。领导者风度让客户希望你加入他们的团队，而不希望你被他们的竞争对手所用。培养领导者风度的第一步是建立信心。你需要看起来和听起来都像领导团队的一员，让客户愿意承认你是他们的同伴。因此，你如何展示自己非常重要。关键是，你如何培养领导者风度？如何树立那种程度的自信心？我们把它分解成几个小块，让你可以一步一步培养。

发展自己的见解和观点

一个值得信赖的顾问的建议应该是有理有据的。你必须知道什么外部因素（有时是内部因素）会在未来破坏你梦想客户的生意，或者他们现在苦苦挣扎的根本原因。你的洞察力为你提供了一些关于影响他们生意的趋势的观点，你必须能够与你的梦想客户分享这些观点。

我听销售人员说过这样的话："客户一直在经营他们的业务，当然知道所有正在发生的事情会影响他们的生意，他们不需要我来告诉他们这些事情。"这是非常错误的想法。你的客户很有可能并不了解你为了捕获注意力份额所获得的信息。客户把大量时间花在经营业务上，大多埋头处理日常问题和业务挑战。此外，你对影响其业务的趋势和因素以及他们该如何应对也应有自己的看法。

有观点不仅指知道发生了什么，你还需要知道应该做什么，并对应该做什么有强烈的主见。我知道，有些人读到或听到这些话时，会感到恼火。但是除非你有独道的观点并信心满满地推荐给客户，否则他们为什么要搭理你呢？事实上，你有一个观点，可以营造建设性的紧张感，推动你和客户一起发现更多的东西，创造新的可能性。同样重要的是，不要过于固执，也不要执着于争论对错，否则你会让你的梦想客户认为你太顽固，不是他们团队想要的人。

你拿起这本书是因为你想学习如何取代你的竞争对手。如果你翻开这本书，发现作者对如何做到这一点没有很强的想法，没有为你创造更大的价值，没有要求你获取注意力，那你可能会很失望。我从不假装自己是中立的，我有清晰的见解，并在本书中展示了这一整套想法。同样，如果你想要有领导者气质，你也需要这样有理有据的意见和观点。

当你对一些行动有了明确的观点和见解以后，你会感受到阻力。不用担心，我们将在本章稍后部分处理这个问题。

避免信息对等

维持好和客户的关系，需要你不断地学习，这样你才能给客户带来新的见解和想法。你应该成为客户的第二个大脑。

领导者气质的另一方面与你的偏见和观点密切相关，那就是信息是否对等。如果你和客户有完全相同的信息，那你就是多余的。如果他们知道你所知道的一切，那么他们就不需要你来给他们建议了。你必须创造信息的不对等。

你可以这样想，你应该是你的梦想客户的第二大脑。当他们忙于生意时，你在阅读、倾听和学习可能影响他们生意的事情。你一直在寻找新的见解和想法，让他们的企业可以领先于他们的竞争对手。当信息不对称时，你就能占据一席之地。

第十一章　培养领导者风度

正如美国开国元勋约翰·亚当斯（John Adams）所说："事实是顽固的，它不会被我们的愿望、倾向或是激情的说教所改变。"① 事实确实是固执的。在与高管的会面中，对事实的出色掌握可以造成信息不对等。在本书的前面章节，反复提到过"婴儿潮"一代人的退休情况，这是一个趋势，将影响许多企业。到底是什么样的影响，因行业而异，在某些情况下会带来挑战，比如需要雇用新人来填补退休带来的职位空缺，而在另一些情况下却会创造机会，比如对保险的需求将会大增。

在我撰写本书时，无人驾驶的卡车正在制造和测试中。从某个角度来说，这些卡车将比人类驾驶员更安全。当价格和安全性达到不再需要司机的水平时，大约 350 万名司机将不得不另谋出路。我们可以就这是好事还是坏事进行无休止的争论，也可以争论这一变化何时到来，我们甚至可以争论用机器人取代人类的道德问题。然而，我们不能对未来几十年内将有 350 万名司机面临失业风险这一事实提出异议。

简言之，如果你要有领导者风度，你就必须知道重要的事情，你必须要有事实来证明并捍卫你的观点。你必须有证据证明你所说的是真的，还要证明改变是必要的以及改变需要包括哪些方面。

---

① 原文为："Facts are stubborn things; and whatever may be our wishes, our inclinations, or the dictates of our passions, they cannot alter the state of facts and evidence."

当你说"客户比我更了解他们的业务"时，你在微观层面上（他们的公司）是正确的，而在宏观层面上（你应该比他们更了解他们的行业以及你的业务如何与他们的业务相关）是不正确的。你需要创造信息的不对等，你需要掌握比客户更多的信息。

不要厌恶冲突

在前一章中，我们讨论了如何在流程中处理冲突。但是现在我想把你带回到冲突中，因为冲突正是你展现领导者风度的好机会。你遇到过的大多数高管都在处理冲突时游刃有余，这在一定程度上也是他们能坐上这个位子的原因，有时还让他们与众不同。

也就是说，他们有时会战术性地制造一些冲突。他们反对你的观点或者你对事实的解释，目的是看看你是否真的有主见、是否真的坚持你的想法。他们会制造冲突来检验你是否敢于面对挑战，捍卫自己的立场。

在通用电气漫长的任职期间，传奇 CEO 杰克·韦尔奇（Jack Welch）几乎每天都在买卖一家公司。他的领导团队负责向他展示大量的新机会。当有人站出来阐述想法时，韦尔奇会细致地对其进行剖析，他会坚持说这个想法对企业没有意义。如果提出这个想法的人退缩了，他就不会采纳这个想法。相反，如果他全力以赴地为自己的想法辩护，韦尔奇就会采纳。

韦尔奇并不是在测试想法，他是在测试提出想法的人是否充分相信该想法，甚至于会保卫它。

我想告诉你，销售中的冲突并不常见，你遇到冲突的频率不会高到让你觉得困扰。但是当你帮助你的梦想客户决定改变的时候，一定会有冲突。当你要求他们解雇他们的朋友时，当然会发生冲突。当你需要合作的利益相关者是阻碍者或反对者的时候，冲突不可避免。但并不是所有的冲突都会考验你有多相信你所说的话以及你是否能够被信任来交付你所推销的产品。

如果你能够尽量不带着情绪地处理冲突，那就不会那么厌恶冲突。当你面对一个冲突制造者时，试着理解一下他们为什么要这么做。大多数情况下，你都会发现根源是恐惧。

移除竞争对手的任务将落到某个人身上，这个人也许是与他们有着长期关系的利益相关者。那些因不得不改变现状而不知所措的人们就是冲突的制造者，因为他们害怕改变会从他们身上索取很多。一些高管会担心你倡导的变革会剥夺他们的权力，因此他们会竭尽全力地抵制你。

如果你想培养从容应对冲突的能力，你需要实战。你应该去观察人们的情绪状态或他们所面对的挑战，即便你只是变革的催化剂，你也要尽力帮助客户公司和在那里工作的人产生更好的结果。你应该随机应变、客观，并与任何冲突保持一定的情感距离，即使你个人受到攻击时也应如此。千万不要因为别人的攻击或指指点点就分散了注意力。记住你的目标，时刻保持冷静。

成为一个有战斗力的外交家

领导者风度的特点之一是能够挑战现状，挑战现有的想法。挑战时不让人觉得气势汹汹，这是一个值得注意的点。

帮助人们改变并产生更好结果的过程通常伴随着大量的冲突。要求人们停止做他们一直在做因而非常熟悉并因此受到过嘉奖的事情，对他们来说并不容易。你必须能够挑战现状，并且要以人们认同的方式挑战现状。在已经有内部冲突的情况下，再咄咄逼人只会雪上加霜。

"您现在做的事情是错误的、过时的，只会浪费您的钱。您必须换个方式。"一旦你说了"错"这个词，你就已经让对方开始产生抵触情绪了。你会让他们觉得有必要捍卫他们的身份以及他们正在做的事情。简而言之，你的攻击性导致了对变革的抵抗。这就是外交发挥作用的地方了。

"看起来您工作很努力。您可能已经注意到了一些我们想和您分享的东西，这可能会让您更快、更容易地得到相同或更好的结果。我能否和您分享一些经过人们实践检验的有效方法，来帮助您应对正在面对的挑战？"然后，你可以提你的新想法，也就是变革措施，而变革本身就是个挑战。不要让你自己也变成挑战，也不要让你自己成为反对者攻击的目标。

为了让客户从一个全新的角度审视他们的业务，让客户做出真正的改变，移除你的竞争对手，你需要消除阻力，而不是制造阻力。即便是存在冲突的地方，也要寻求合作。你要赢得支持，而不是制造反对的声音。

谈论失败

作为一个值得信赖的顾问，你必须处理最困难、最有战略意义的问题。

在最近的一次销售启动会议上，我看到两名高管向公司的销售团队谈到他们需要做什么才能成为好的战略合作伙伴。两位高管来自不同的公司，他们的意见却非常一致。两人都明确表示，他们希望与他们共事的销售人员帮助他们应对重大问题和挑战。最有趣的是，两人都开始谈论灾难性的失败。

一位高管说："你总会有惨败的时候。这不是有没有可能的问题，而是什么时候发生的问题。我们想谈谈当我们的合伙人存在危害我们生意的问题时，我们需要做些什么。当这种情况发生时，我们想知道你们需要我们做什么。"这种灾难性的失败是每个公司都担心的，尤其是当他们的客户因此在一段时间内无法运作时。这正是销售人员害怕解决的问题，因为谈论失败就是在说与他们公司合作存在风险。

我用这个例子来说明要如何才能有领导者风度，而什么则会削弱领导者风度。在共同创造结果的过程中，愿意谈论系统性问题和挑战是你成为战略伙伴、可信赖的顾问以及具有领导者风度的人的关键。避开这些谈话，假装没有系统性的问题和挑战，会让你的梦想客户去别处寻求更好的顾问。

正如你在前面章节中已经学到的，这些未解决的系统性问题和挑战是导致公司更换合作伙伴的原因。你的理想客户的合作方很可能缺乏产生新想法的头脑，或者他们在竭力避免那些他们认为会失去支持的问题。

当我刚开始做人力资源生意的时候，几乎我的每个竞争对手都告诉他们的客户——永远不会"缺货"。换言之，他们承诺客户永远不会面临这样的窘境：分配给他们的员工来上班的第二天就消失了，或者在某些情况下根本不出现。而我却会告诉客户，他们会面临那样的情况。我向他们解释说，他们给的低工资和低承诺几乎就意味着员工的流失，要保证每个岗位都不缺人非常困难。我对他们说了大实话，我是以一个有经验、有权威、有想法的人的身份说这些话的。这种互动的结果是，我拿到了业务，我把这归因于我愿意说实话——即便客户听了以后不高兴，我也要说。

成为同伴，而不是订单登记员

让我们重温一下：你是你梦寐以求的客户的同伴。你见多识广，有独到的见解和观点，掌握着客户没有的信息，可以轻松应对冲突，能处理真正的挑战和问题。

同伴的反面就是订单登记员。这样的人只想被人喜爱，他们从不说也不做任何可能阻止潜在客户给他们订单的事情。如果他们对客户的业务持有与客户现有信念相冲突的观点，他们绝不会大声说出来，因为他们害怕破坏关系。订单登记员除了知道如何登记订单外，所知甚少。他们决不会暗示存在一个问题，比如买方做出了错误的决定或投资不足。订单登记员会不惜一切代价避免冲突，这种对冲突的厌恶消除了他们成为客户同伴、咨询师和值得信赖的顾问的可能性。

更通俗地说，不要做一个顺从的、反对冲突的、无知的人。

行动起来

1. 你的理想客户现在应该做些什么来产生更好的结果，你有什么见解和看法？

2. 你知道什么会让你的客户对你产生依赖，你现在需要和他们分享什么？

第十二章 | 在客户周围建起"防火墙"

赢得新客户以后，你必须能留住他们，帮助他们成长，同时你也要和他们一起成长。关注客户的持续成长是避免陷入自满的唯一途径，而自满会使你面临被竞争者取代的风险。

重要的是要记住，当你在追求你的梦想客户，并努力将他们从你的竞争对手手中夺走时，你的竞争对手不会无所事事地任你宰割。你的竞争对手也在做同样的事情——追求你的客户。阻碍你成长的因素之一是流失客户的速度比获得客户的速度更快。当你在努力取代你的竞争对手时，还必须保护你现有的客户。有两种方法可以解决这个问题。

结果、事务和母鸡

母鸡会一直孵蛋直到小鸡破壳为止。它让鸡蛋保持一定的温度，并保护它们免受威胁。如果你是销售界的"母鸡"，那就意味着你只会把你的客户圈起来，而不是为他们寻找和创造新的机会，做真正能留住客户的工作。这里的错误在于，销售人员认为因为他们向客户展示了一些结果，他们就理应得到产生这些结果的一系列业务。什么意思呢？请看以下情况：

• 如果订单有问题，销售人员随叫随到。他们追踪遗失的订单，联系船运公司，打电话给他们的客服团队，并竭尽全力找到订单。

• 当发票不正确时，销售人员从客户那里得到一份副本，然后坐在计算机前，在电子表格中创建发票模板，并自己进行更正。但事实上，销售人员被发票搞得焦头烂额。

• 当客户需要报告时，他们也伸手向销售人员要。销售人员觉得需要证明自己在服务客户时非常到位，于是就自己做客户需要的报告。为了达到万无一失，他们还做了一个有图表的幻灯片。

这些都是业务，是为客户服务的一部分，但它不是结果。销售人员出售的结果是更好的未来状态，包括让客户产生更高的收入、更高的利润、更高的市场份额。

你在销售方面的工作可以归结为两个方面：创造机会和捕获机会。你需要确保客户获得你所销售的结果，并且对此负责，因为这才是你真正销售的东西。如果没法确保交付所销售的结果，你与该客户创造下一次机会的可能性就降低了。不然呢？

当客户打电话来就订单寻求帮助的时候，你的任务是听取客户的意见、评估问题，然后客户把信息传达给你的运营团队，运营团队的员工会给客户打电话确认信息。你还应该告诉客户，你的团队很优秀，他们会解决问题，而且要及时向客户报告进度。

如何留住梦想客户

如果解决你的客户每天面临的挑战还不足以留住他们，那什么能留住他们呢？防止客户流失的必要条件是什么呢？

新价值

从一个季度到另一个季度，一年又一年，你必须主动创造新价值。这需要你把客户看作战略伙伴，为更好的未来结果制定一个路线图，并且不断为未来的变革准备充分的理由。

在本书的前半部，我们看到了取代竞争对手的一些理由。诸如自满、冷漠、未被解决的系统性挑战或服务质量低劣之类的问题都会让你的客户被偷走，抵御这些危险最好和最可靠的方法是不断创造新的价值。

让你赢得客户的那些因素也能让你留住客户。比如，为赢得你的梦想客户，你曾拿出充分的理由说服客户变革，你已经与他们就此达成了共识。你努力帮助客户前进，帮助他们产生更好的结果。所有这些能让你赢得客户生意的行动，同时也能让你留住客户。

你不必忙于业务、追逐订单、打发票、做报告，而是应该专注于创造新的价值。你应努力构建能带来更好结果的下一个机会、下一个计划。如果你花时间和你的客户在一起，你就要利用好这个时间为他们创造新价值。思考这项工作最好的方法是描绘一个路线图。在接下来的36个月里，你将带着你的梦想客户去往哪里？

如果你现在就拿着一支笔和一张纸坐下来，在页面的顶部画上12个季度，你会在这些季度下列出什么计划来让你的客户改变并创造更大的价值，甚至给他们带来更特别的结果？如果你能把它画在一张纸上，你就有了一张路线图。在36个月内，将会有新的挑战和事件迫使变革。只要你保持警惕，继续调查情况，与利益相关者保持联系，了解他们需要做出的改变，并努力创造新的机会，你就可以阻断竞争者挖墙脚的威胁。

留住客户的关键是一季度又一季度、一年又一年地创造新价值。

如果有一个令人信服的理由需要客户做出改变，你就应该主导这个改变。销售组织和销售人员能创造的更大价值之一就是给出未来的方向。你不应该被动地对客户的变革要求做出反应，而要主动提出变革的理由。如果你骄傲自满了，被动地等待客户说"跳"！那你就会从四级价值滑落到三级价值。你应该在客户下命令之前已经"跳"了，已经摆出了变革的理由，你应该总是推动事物向前。

如果你想成为梦想客户的战略伙伴，那么你必须像他们领导团队中的成员一样。你必须给客户带来新的想法，告诉他们需要做的改变以及接下来会发生什么。

对结果负责

要想抓住你的客户，免受你的竞争对手的威胁，首先你要真的能够提供你承诺的结果。你必须负责产生这个结果，做出调整，解决问题，并确保执行。更大的控制会产生更大的忠诚。如果你的理想客户相信你会负责产生一些结果，他们就可以把注意力转向其他事情。

在这里我们必须注意两个错误。第一个是没有对你所销售的结果和客户的失败负责，第二个是没有因所产生的结果而受到赞赏。

如果你不对结果负责，你的竞争对手就很容易使用差异化战略偷走你的客户。失败使你的客户不得不去别处寻找他们需要的合作伙伴。你可能有商业头脑和情景知识，也可能有好的想法。但如果你不能执行你销售的方案，所有这些都是徒劳的。当你的客户因为你的加入反而不能有效经营时，他们就会被迫做一些必要的事情。如果你缺乏执行力导致客户浪费了时间和金钱，他们就不得不来收拾你的烂摊子。

你与客户的关系再好，他们也不会因为你的失败而失去自己的客户。在这里我要明确的是，我们正在谈论执行失败，而不是执行带来的挑战。你在服务客户时会遇到困难，这些挑战不能永远存在下去，它们必须被妥善处理。

大多数人认为购买的承诺是买方需要做出的最终承诺，但事实并非如此。当你发现难以产生结果时，你必须在你的公司内部进行必要的改革，以便为客户执行必要的行动。向你自己的团队推销这个观点可能很困难，但这是至关重要的。同样重要的是客户承诺执行。执行中的一些挑战源于你的客户，你已经在做必要的事情，而他们却拒绝做他们需要做且曾同意去做的事情。你必须进行干预，帮助他们做出这些改变，以免自己因客户缺乏执行力而被解雇。

我们再来看另一个威胁，那就是你没有因为你产生的结果得到应得的褒奖。与这样的客户一起工作一定符合以下规律：

·客户会清清楚楚记得并时常想起他们在这个过程中必须忍受的每个问题和挑战，却不会记得你为他们解决的问题和挑战。

·客户不会认识到你在执行和生成你承诺的结果方面做得有多好。

在大部分学校，超过 97% 的成绩可以被评为 A，而在某些学校甚至可以达到 A+。然而，你的客户可能只关注你表现不佳的那 3%，除非你把那做得好的 97% 都指给他们看。这就是为什么你要为自己打分，并向你的客户展示这些分数。你必须提供你正在努力工作的证据，这样，当有人问你在客户公司内部的联系人你做得如何时，他们就可以为你和你的结果证明了。

你首先要给你的执行情况打分，然后叙述你所遇到的问题和挑战，承认不足部分，并陈述你是如何补救的。如果仍然存在漏洞，请确保客户知道你已经意识到它们，并已经着手处理。如果解决问题需要你的客户改变他们正在做的事情，那么召开一个会议来回顾你的得分是开启对话的好方法。

如果没有人知道你在做什么，那你等于什么也没做，这一点对成功和挑战来说都是如此。自己记录得分，就不用劳烦客户做这个工作了。

发展和保护关系

了解、信任并知道你和你团队价值的人越少，你被竞争对手取代的风险就越高。当意外事件发生时，比如一个大公司买下了你的客户公司，或者你的主要利益相关者离开了，你就非常需要与能保护你的人建立良好的联系，这要求你在客户公司的整个组织中水平和垂直地发展关系网络。

如果你一直在销售界打拼，你可能有过这样不幸的经历：你有一个全力支持你的联系人，你认为他会保护你免受任何威胁，并确保你一直和他们做生意，但某天他却离开了公司，他的位置换上了一个新的代理人。所谓"新官上任三把火"，这个继任者需要一个胜利和改变来确立自己的地位，就去找了一个能提供他所需结果的供应商（对他来说，你不是他的战略合作伙伴）。他不知道公司存在的问题是系统性的，虽然你已经建言了十几次，但公司不愿意改变。他不知道这些，所以决定换掉供应商，并让他以前合作过的公司成了新的供应商。

在很多情况下，一个新的领导者会发现移除一个供应商比移除一个为公司工作的人更容易。供应商可有可无，更换供应商没什么大不了的。由于新领导还不了解公司的政治环境，更换供应商比辞退员工简单得多。

这就是依赖单一联系人的危险之处。在你服务客户的整个过程中，会发生各种各样的意外情况。比如你的支持者离职或退休了；你的客户公司将被另一家公司收购，而这家公司已经与他们认为是战略合作伙伴的公司签订了合同。

所以，当意外发生时，你会希望不止一个人在客户公司里为你撑腰。你希望尽可能多的有影响力的人努力留住你，声明你是他们工作中必不可少的组成部分。相信你是战略合作伙伴（四级价值）的人越多，愿意为你辩护的人就越多。反之亦然，越多有影响力的人认为你创造了低水平的价值，比如一级的商品价值，他们就越不可能保护你，他们没有必须这样做的理由，即使终端用户欣赏你提供的一级价值也没用。

你可能会认为，你需要的支持者必须处于组织结构的顶端。其实也未必。很多时候，负责执行或依赖你和你解决方案的人员可能权限不高，却有着极高的影响力。他们可能会通过他们的专业知识来解释你的必要性，以保全你和你的方案。

发展能够抵御竞争威胁的关系并不容易。所有的关系要建立起来都是有代价的，代价就是时间和精力。付出这个代价意味着在执行现场的高度参与。你需要与客户公司的人建立亲密的人际关系，因此你必须了解和你一起工作的人——他们是谁，他们想要什么。

关系是留住客户和保护你免于被竞争对手取代的必要条件。让我们来看看现实中如何建立这样的关系。

确定节奏

在发展与客户的关系时，你需要一定的节奏。最好的方法之一是召开会议进行季度业务回顾，而确定这些会议的节奏也很重要。我们来看看你能做什么、应该做些什么来确保你在客户周围建立起了一堵"防火墙"。

让我们从大型定期会议开始，与客户进行季度业务回顾。季度业务回顾是与客户公司的联系人和领导团队共同参与的大型会议，在这里你可以报告你对自己的评分，讨论问题和解决方案，探索未来的变化趋势。因为议程对于双方来说都是有价值的，所以把大家召集起来应该不难。客户的领导团队可能不知道你在做什么、你遇到了什么样的挑战、你在前一季度做了什么样的改变、你做得有多好以及你建议下一步一起做什么。如果你不与他们分享这些东西，他们可能会认为你什么都没做。如果你不分享你的新想法和见解，你就让竞争对手有机可乘，他们会向你的客户灌输对你的偏见和他们的观点。此外，如果你不倾听客户的心声，你怎么知道他们会优先考虑什么？你也不知道你应该改变什么来帮助他们。

季度会议是主要的节拍，在节拍之间需要有次级节拍来发展和加深关系，次级节拍可以是与客户的每周协调会议或电话沟通。

一个严肃的提醒：你不需要所有这些事情都亲力亲为，交给你的团队！

其他的次级节拍可能是与客户的管理团队开会，探讨如何安全探索而不会激怒其他利益相关者。当你提出新价值时，你就是在提议变革。这意味着你必须重复当初为赢得客户而做的建立共识的工作，这可能需要你仔细地播种这个想法，而前提是你得明确有多少人站在你这边。

为了在你的客户周围建立一个坚不可摧的防火墙，你需要做这一章中的每一件事情。这样，才能保证你在努力取代你的竞争对手的同时，你的客户不会被别人挖走。

行动起来

1. 你需要为你现有的客户创造什么样的新价值来留住他们？

2. 做一个记分卡，与你的客户分享这个记分卡，提醒他们你为他们创造的价值以及你如何很好地解决了他们的问题和挑战。

总结

在一个日益关注业务而非关系的商业世界里，竞争优势将流向那些投资于人际关系、深层连接和为他人服务的人。

现在销售的巨大推动力是把一切都自动化，因为 B2C 世界正在蓬勃发展。在这个世界里，客户只需点击购买他们想要或需要的东西，而不用人际互动，所以许多 B2B 界的销售领导者及其执行团队也在设法用没有互动的模式来降低获取客户的成本。尽管这些销售对于被视为商品越来越警觉，但他们做的事情实则加速了他们被商品化的过程——因为他们采用的销售模式没有办法让他们区别于竞争对手，能给潜在客户带来的价值也很小。这就使得这些销售人员与采购代理没什么区别，他们试图通过把销售过程视为简单的买卖过程来降低获得新客户的成本，其实却增加了成本，因为让客户解雇当前的供应商轻而易举！

本书是我第三次试图逆风而行。尽管这种努力可能是不切实际的，但我们当中那些仍然相信人际关系并依靠帮助别人而茁壮成长的人，从长远来看，将会站在这场争论的胜利一边。当个人或组织购买东西需要大量的时间、精力和资源投入时，特别是当它对于产生一些战略成果至关重要时，人际关系的重要性就会凸显出来。商业世界被拉向了两个方向——强交易型和强关系型，你会发现只有远离交易型，靠近超级人际关系，才能找到真正的价值，并让自己区别于他人。

由于我们销售的许多产品的技术属性，现在有越来越多的工程师担任销售专家。在未来，我们很可能看到在销售人员身上会有一些新趋势，比如他们拥有美术和文学双学位，而这些似乎目前在硅谷还不存在。机器制造得越多，电脑销售得越多，人际关系就越有价值。

我在这本书中所分享的观点，从帮助你的潜在客户改变并产生更好的结果开始，都源于关怀心，源于洞察力，源于你能帮助客户做出改变的能力。如果你想在工作中找到目的和意义，你更应该这样做。如果你想在早上找到驱使你起床的动力，那就去服务他人，为他人做点儿什么吧。

本书的中间部分，通过一些更清晰的镜头，帮助你观察、了解现有客户和潜在客户，从而加深你对你要帮助的人的理解。这部分还告诉你要让他们走向更好的未来状态的必要条件是什么。

这本书的最后1/3主要讨论了以下观点：你需要提高自己来产生更好的结果，还要重视人际关系，尽管现在有许多力量在推动自动化和商品化。现在，没有什么比个人成长和专业性更重要的事情了，这是我所有书籍的核心思想。你的梦想客户可以决定信任谁，向谁购买，谁可以加入他们的团队。当我们失去一笔生意时，我们总是归咎于价格、竞争对手或客户，但无论你如何努力为自己开脱，如果你要戴上胜利的桂冠，那失败的责任也该由你承担。

如果你读到这里，我想我对你已经有一定的了解了。你是那种关心个人和专业发展的人，你想用自己的思维、技能和工具来武装自己，创造竞争优势，把工作做到最好。要取代竞争对手并非易事，但是因为你已经读过本书，并且正在付诸实施，你将会在其他人失败的地方获得成功，你将会获得新的客户，而这些客户目前的服务提供者是你的竞争对手。

你准备给坐在会议桌对面的人创造更高的价值。在一个人与人之间只有交易的世界里，你却超级注重人际关系。即便你所服务的人可能很复杂，很难伺候，很难理解，你还是决定投入时间和精力，并觉得这是值得的。

你还决定通过与客户一起行动、倾听他们来创造价值。你还试图了解如何帮助客户和他们团队中的人，即使你知道这并不容易。你知道价值创造不会像你想象的那么快，但你还是决定在客户身边，与他们一起工作。在这个关系常常以点赞和表情包来衡量的世界里，你是少数真正出现在客户身边的人。你是一个有形体的存在，你会看着未来客户的眼睛说话，即便现在社交媒体完全可以帮你节省时间和麻烦。

最好的工作,即赋予你生活目的和意义的工作,是不可能在点赞或转发中得到的,只有帮助人们面对他们的挑战才能让你与众不同。如果你觉得这是商业组织之外的事情,如果你认为这对你所从事的业务没有帮助,那么让我帮助你重新思考一下我们的工作。

我们一生的大部分时间都花在工作上。如果你读了本书,我猜你的大部分时间都是和你的潜在客户和现有客户一起度过的。是否全身心地投入这种努力之中,把真诚的关怀注入你们的互动之中,并且为客户做出改变,这些都由你来决定。当你每次面对你的潜在客户时,你都会做出这样的决定:不把对方当作一笔交易,而是一个你关心的人。我不想骗你说这很容易。我知道,你有账单要支付,有孩子要照顾,有家庭要经营,还有一大堆客户要应付,你很难全身心投入工作。我知道这很难,我自己也曾有过同样的感觉。但是,对抗这种感觉,给予一个人你的全部注意力,是让你区别于其他人的关键。

创造和你一起工作的偏好可能是你成功的唯一决定性因素。而要产生偏好,人为因素很重要,这将使你比其他人更有利。而只关注交易只会让你更快出局。交易会让我们失去连接的意识,失去社群意识,失去对他人的责任感。

这本书是一本实用操作手册,它旨在通过为你的潜在客户和梦想客户创造比其他人更大的价值，从而让你取代竞争对手。我希望你能用我写这本书的精神来工作。每个星期天，我都会在每周通讯的结尾写上"做好工作"。这几个字不仅关系着我们工作的质量，也关系着我们工作的目的。

做好工作，发电子邮件给我，告诉我你的成功故事。我的邮箱地址是：anthony@iannarino.com。

致谢

这本书与我的第一本书几乎正好相差 2 年，与第二本书则相差 14 个月，这使得写一篇致谢词既简单又困难。简单是因为要感谢的人群变化不大，困难是因为如果没有他们的支持，这本书就不可能问世。

雪儿，感谢你的耐心。艾丹，感谢你的信心。米娅，感谢你的公正。艾娃，感谢你的决心。妈妈，感谢你的支持。爸爸，感谢你的信任。他达，多亏了你的人脉。塔拉，感谢你能如此快速地联系到需要的人。杰森，感谢你带来的笑声。麦克，感谢你做我的搭档。

感谢我在伊安纳里诺富伦集团的家人，特别是佩格·马蒂维和杰夫·富伦。

衷心感谢企鹅兰登书屋的安德里安·扎克海姆、考希克·维斯瓦纳斯、艾丽莎·阿德勒和凯瑟琳·瓦伦蒂诺，谢谢你们相信我并帮我出版了这些书。

还有我的朋友们：

贝丝·马斯特、海瑟·梅、艾米·托宾、贾斯汀·来福瑞尔、弗朗西斯科·拉泽、达米安·沃雷尔、戴夫·加德纳、安博尔·荷西、鲍勃·卡巴卡斯和扎克·胡佛。

内森·斯佩塞、帕特里克·加拉赫、吉姆·博斯蒂克、大卫·劳伦斯、史蒂夫·马尔福斯塔、杰夫·史密斯、布兰妮·弗朗西斯、史蒂夫·拜恩、特里·卡钦斯基、萨拉·吉尔伯、克里斯蒂娜·瑞驰、布莱恩·托马斯、布莱恩·亚莫维奇、比尔·普罗克托、瑞奇·艾瑞欧拉、杰森·施伦克尔、丹·艾瑞欧拉、克里斯蒂娜·卡尼萨雷斯、约翰·沃特金斯、杰伊·赫瑟、约翰·拉布罗西、麦克·谢瑞丹、韦恩·迪凯萨、萨拉·柯蒂斯、道格·卢瑟福、约翰·佩卡里克、朱迪·博尔德、吉姆·马克斯和丹·佩罗内。

拉哈特·茨维、迈尔斯·奥斯汀、约翰·斯宾塞、迈克·昆克尔、莱恩·霍格兰德·史密斯、马特·海因兹、洛瑞·理查德森、道格·莱斯、保罗·麦考德、蒂博·山托、阿伦·迈尔、鲍勃·特森、卡林·贝兰托尼、凯利·罗伯逊、托德·史尼克、爱丽丝·R.海曼、加里·哈特、南希·纳丁、安迪·保罗、史蒂文·罗森、埃莉诺·斯图兹、理查德·鲁和珍妮·斯皮尔、戴安娜·吉林、德布·卡尔维特、杰克·马尔科姆、杰·比尔斯、吉姆·基南、芭比特·十哈肯、丹·华德施密特、蒂姆·欧海、凯利·里格斯、多莉安·林恩·希迪、道尔·斯莱顿、李·巴特莱特和凯利·麦考密克。

道格拉斯·伯德特、迈克尔·弗林、唐纳德·凯利、菲尔·格雷夏克、戴夫·萨维奇、安东尼·康克林、詹姆斯·卡巴里、威尔·巴伦和保罗·瓦茨。

最后还要感谢戴夫·布鲁克、格哈德·格万特纳和鲍勃·伯格。

图书在版编目（CIP）数据

成交：如何高效转化潜在客户 /（美）安东尼·伊安纳里诺著；林若轩译. --杭州：浙江大学出版社，2021.6

书名原文：Eat Their Lunch: Winning Customers Away from Your Competition

ISBN 978-7-308-19272-9

Ⅰ. ①成… Ⅱ. ①安… ②林… Ⅲ. ①销售－方法 Ⅳ. ①F713.3

中国版本图书馆CIP数据核字（2021）第055993号
浙江省版权局著作权合同登记图书，11-2019-19

All rights reserved including the right of reproduction in whole or in part in any form.
This edition published by arrangement with Portfolio, an imprint of Penguin Publishing Group, a division of Penguin Random House LLC.

成交：如何高效转化潜在客户

[美]安东尼·伊安纳里诺　著　林若轩　译

策　　划	杭州蓝狮子文化创意股份有限公司
责任编辑	曲静
责任校对	杨利军　沈倩
封面设计	杭州林智广告有限公司
出版发行	浙江大学出版社
	（杭州市天目山路148号　邮政编码　310007）
	（网址：http://www.zjupress.com）
排　　版	杭州林智广告有限公司
印　　刷	浙江新华数码印务有限公司
开　　本	710mm×1000mm　1/16
印　　张	14.75
字　　数	236千
版 印 次	2021年6月第1版　2021年6月第1次印刷
书　　号	ISBN 978-7-308-19272-9
定　　价	59.00元

版权所有　翻印必究　　印装差错　负责调换

浙江大学出版社市场运营中心联系方式：0571-88925591；http://zjdxcbs.tmall.com